기다림의 은총 속으로

김기석 목사 대림절 설교집

기다림의 은총 속으로

2021년 11월 26일 처음 펴냄

지은이 | 김기석
사　진 | 권산
펴낸이 | 김영호
펴낸곳 | 도서출판 동연
등　록 | 제1-1383호(1992년 6월 12일)
주　소 | 서울시 마포구 월드컵로 163-3
전　화 | (02) 335-2630
팩　스 | (02) 335-2640
이메일 | yh4321@gmail.com
블로그 | https://blog.naver.com/dong-yeon-press

ISBN 978-89-6447-741-0 03200

김기석 목사 대림절 설교집

기다림의
은총 속으로

김기석 지음 | 권산 사진

기다림의 은총 속으로

누군가를 기다린다는 것은 참 아름다운 일이다. 첫눈 오기를 기다리고, 방학 되기를 기다리고, 전역을 기다리고, 출옥을 기다리고, 아기가 태어날 날을 기다리고, 입주를 기다리고, 누군가가 보내올 좋은 소식을 기다린다. 죽음의 계곡(death valley)에 떨어진 꽃씨는 대지를 적시는 비를 꿈꾸며 하염없이 개화의 순간을 기다린다. 시인 기형도는 〈엄마 걱정〉이라는 시에서 열무 삼십 단을 이고 시장에 간 엄마를 기다리다가 지쳐 빈 방에 혼자 엎드려 훌쩍거리던 유년 시절을 떠올렸다. 기다림은 지연된 성취이다. 또한 설렘과 두려움이다. 기다리는 대상이 꼭 오리라는 보장이 없기 때문이다. 그 때문에 황지우는 "너를 기다리는 동안 다가오는 모든 발자국이 가슴에 쿵쿵 울린다"고 썼다.

서정주는 『질마재신화』에 나오는 시 〈신부新婦〉를 통해 기다림의 정한을 가슴 시리게 드러내고 있다. 초록 저고리 다홍치마로 겨울 귀밑머리만 풀리운 신부는 아직 신랑과 첫날밤을 보내지 못하고 있었는데, 그만 오줌이 마려워진 신랑이 냉큼 일어나 밖으로 나가면서 옷자

락이 돌쩌귀에 걸렸다. 신랑은 그 새를 못 참은 음탕한 신부가 자기를 붙잡은 줄 알고 그 길로 내처 달아나버렸다. 그후 사오십 년 세월이 흐른 후 무슨 일 때문에 옛 신부의 집 앞을 지나가다가 궁금한 마음에 신부방 문을 열고 보니 신부는 귀밑머리만 풀린 그대로 앉아 있었다. 안쓰러운 마음에 그 어깨를 어루만지자 신부는 매운재가 되어 폭삭 내려앉아 버리더라는 것이다. 초록 재와 다홍 재로 남은 사랑은 얼마나 처절한 것인가. 신화적 세계이기는 하지만 하염없는 기다림의 쓰라림을 겪어본 이들이라면 이 글에 담긴 마음을 어렵지 않게 느낄 수 있을 것이다.

초대교회 교인들의 인사말 '마라나 타'(고전 16:22)는 "우리 주님, 오십시오"라는 청원이다. 주님이 떠나간 후 하늘만 하염없이 바라보던 제자들에게 천사는 "갈릴리 사람들아, 어찌하여 하늘을 쳐다보면서 서 있느냐? 너희를 떠나서 하늘로 올라가신 이 예수는, 하늘로 올라가시는 것을 너희가 본 그대로 오실 것"(행 1:11)이라고 말했다. 믿는 사람에게 현재와 미래는 오실 주님을 기다리는 시간이다. 기다림의 시간이 길어지면서 사람들은 자기들이 누구를 기다리고 있는지도 잊고 산다. 아니, 기다린다는 사실 자체를 잊은 지도 모르겠다. 그렇기에 기다림은 막연하면 안 된다. 기다림의 내용을 지금 여기서 선취하며 기다려야 한다. 좋은 성적을 얻고 싶은 사람은 놀고 싶은 충동, 자고 싶은 충동을 거스르면서 노력해야 한다. 주님을 기다리는 이들은 주님께서 떠나면서 위임해주신 일들을 수행하며 기다려야 한다. 예기치 않은 날 그분이 돌아오실 때 벌거벗은 몸이 되지 않도록 준비해야 한다.

발터 벤야민은 "모든 시간은 메시아가 들어오실 수 있는 작은 문"이라고 말했다. 기다림은 우리를 권태에 빠뜨릴 수도 있는 잿빛 시간을 소망으로 변형시킨다. 시련과 박해에 직면했던 기독교인들이 믿음을 저버리지 않을 수 있었던 것은 주님의 시간을 기다렸기 때문이다. 아무것도 기다리지 않는 사람 또는 무슨 말을 들어도 설레지 않는 사람이 있을까?

입동에서 소설로 이어지는 늦가을 무렵이면 우리 마음이 스산해진다. 잎을 다 떨구고 졸가리로 찬 바람을 맞이하는 나무를 보면 저절로 쓸쓸해진다. 허룹숭이로 살아온 나날이 떠오르기 때문이다. 세월이 가면 인생사에 두루 환해질 줄 알았지만 실상은 그렇지 않음을 이제는 안다. 엄범부렁한 삶 앞에서 속이 타들어갈 때 교회력의 새해를 맞이한다. 대림절 말이다. 2천여 년 전 주님은 인간의 몸을 입고 이미 오셨다. 그리고 다시 오마고 약속하신 분을 기다린다. 그분을 맞이하기 위해서는 먼저 우리 몸과 마음을 정갈하게 해야 한다. 우리 속에 주님을 맞아들일 빈공간이 있는지 돌아보아야 한다. 대림절은 그래서 기다림의 절기인 동시에 비움과 닦음의 절기이다.

대림절 초에 하나둘 불을 밝히면서 우리를 사로잡고 있던 어둠이 물러가기를 빌어야 한다. 우리 마음에 깃든 어둠, 우리 사회에 드리운 어둠, 하나밖에 없는 이 지구에 내린 캄캄한 어둠을 조금씩이라도 밝혀야 한다. 그것이 진실한 기다림이다. 매해 대림절을 맞이할 때마다 진실한 기다림에 대해 생각하곤 했다. 그리고 깨달은 대로 전했다.

이 책은 몇 년 동안 청파교회에서 한 대림절 설교를 모은 책이다. 읽는 이들이 남루한 내 영혼을 스쳐간 그분의 발자국과 숨결을 느낄 수 있으면 좋겠다. 함께 고민하며 진실된 삶을 찾고 있는 청파교회의 모든 길벗들에게 감사한다. 반딧불처럼 미미할지라도 세상 도처에서 그리스도의 빛을 비추는 이들에게 감사한다. 오늘도 우리를 통해 이 세상에 오시고 계신 주님께 감사드린다.

김기석

차 례

일러두기

* 본문 성경구절은 새번역성경(RNKSV, 대한성서공회, 2004년)에서 인용하였습니다.
* 2017년~2019년 설교는 녹취를 풀어 실었습니다.

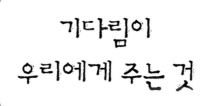

기다림이
우리에게 주는 것

주님을 기다리는 사람들

고전 1:4-9

⁴나는 여러분이 그리스도 예수 안에서 받은 하나님의 은혜를 생각하고, 여러분의 일로 언제나 하나님께 감사를 드립니다. ⁵여러분은 그리스도 안에서 모든 면에 풍족하게 되었습니다. 곧 언변과 온갖 지식이 늘었습니다. ⁶그리스도에 관한 증언이 여러분 가운데서 이렇게도 튼튼하게 자리잡았습니다. ⁷그리하여 여러분은 어떠한 은사에도 부족한 것이 없으며 우리 주 예수 그리스도의 나타나심을 기다리고 있습니다. ⁸우리 주 예수 그리스도께서 나타나실 날에 여러분이 흠잡을 데 없는 사람으로 설 수 있도록 주님께서 여러분을 끝까지 튼튼히 세워 주실 것입니다. ⁹하나님은 신실하신 분이십니다. 하나님께서는 여러분을 부르셔서 그 아들 우리 주 예수 그리스도와 친교를 가지게 하여 주셨습니다.

우리는 무엇을 기다리나?

주님의 은총과 평강이 우리 가운데 임하기를 빕니다. 교회력의 첫 주간인 대림절을 맞이했습니다. 기다릴 대(待), 임할 임(臨), 마디 절(節)로 형성된 대림절은 말 그대로 우리 가운데 임하실 주님을 기다리는 절기입니다. 영어로는 Advent라고 하는데 그 단어는 '오심, 도착'을 뜻하는 라틴어 adventus에서 유래된 것입니다. 큰 힘을 가진 이의 도착을 가리키는 단어입니다. 그가 오면 불의한 것을 바로잡고, 사람들을 괴롭히던 모든 문제를 해결해 줄 거라고 믿어지는 분을 기다리는 것은 대개 세상에서 짓밟힌 이들이었습니다.

어린 시절 부모님으로부터 즐겨듣던 이야기 가운데 '암행어사 박문수'에 대한 이야기가 있었습니다. 관리들의 가렴주구에 시달리는 사람들 이야기를 들을 때마다 감정이입이 되어 마음 졸이기도 하고 분노하기도 했습니다. 모순이 극대화되어 가는 순간, 어린 우리는 아버지의 입에서 터져 나올 한 외침을 기다리며 숨을 죽였습니다. "암행어사 출두요" 이 한마디를 들으면 묵은 체증이 내려가듯 속이 시원해졌습니다. 불의한 자들이 징치되고 정의가 바로 서게 되었습니다. 물론 나이가 들면서 세상이 그렇게 단순하지 않다는 사실, 세상의 불의가 한순간에 해소될 수 없다는 사실을 점점 깨달았습니다만, 그때 느꼈던 해방감만큼은 잊을 수 없습니다. 세상이 너무 어수선합니다. 우리는 주님의 오심을 내다보며 오늘을 살아갑니다.

우리는 신약성경의 거의 마지막 부분에 나오는 계시를 증언하시는 분의 말씀을 잘 알고 있습니다. "그렇다. 내가 곧 가겠다" 거기에 대해 우리는 마음을 다해 화답합니다. "아멘, 오십시오 주 예수님!"(계 22:20) 대림절은 이처럼 옛 세계가 끝나고 새 하늘과 새 땅이 도래하기를 기다리는 절기입니다. 대림절의 풍습 가운데 하나가 가정마다 대림환(advent wreath)을 만드는 것입니다. 대개 소나무나 전나무 등의 상록수를 사용합니다. 그것은 영원한 생명의 상징입니다. 호랑가시나무 혹은 월계수를 사용하기도 하는데 고통과 박해 속에서도 기어코 승리한다는 뜻을 표현하기 위해서입니다. 둥근 원은 시작도 끝도 없는 주님의 영원하심과 주님을 통해 주어지는 영원한 삶을 상징합니다. 솔방울이나 열매는 믿는 이들이 거두는 열매로서의 생명과 부활을 상징합니다. 가족끼리 모여 대림환을 만들면서 그 뜻을 새기고, 저녁마다 촛불을 밝히며 고난 가운데 있는 이들을 위해 기도하는 것도 좋을 것 같습니다. 대림절을 그저 의례적인 절기로만 맞이한다면 삶의 새로움은 불가능할 것입니다.

바른 기다림

우리는 어떻게 주님을 기다려야 할까요? 뭔가 혹은 누군가를 기다려 본 사람은 알 것입니다. 기다림에는 기쁨과 설렘도 있지만 조바심과 두려움, 더 나아가 쓸쓸함도 있습니다. 기다리는 동안은 그 장소를 떠날 수도 없습니다. 길이 엇갈리면 안 되니까요. 어떤 의미에서 기다림은 우리에게서 자유를 앗아갑니다. 그런데 그 부자유가 싫기만 한 것은 아닙니다. 기다림의 대상이 가져올 기쁨과 행복이 있기 때문입니다. 만해 한용운은 〈복종〉이라는 시에서 이렇게 노래합니다.

남들은 자유를 사랑한다지마는, 나는 복종을 좋아하여요
자유를 모르는 것은 아니지만, 당신에게는 복종만 하고 싶어요
복종하고 싶은데 복종하는 것은
아름다운 자유보다도 달콤합니다
그것이 나의 행복입니다

주님을 기다리는 마음이 이러해야 합니다. 주님을 마음 깊은 곳에 모실 때 우리 삶이 든든해집니다. 허망한 열정에 휘둘리지 않을 수 있습니다. 세상이 줄 수 없는 평안을 누릴 수 있습니다.

하지만 막연한 기다림은 우리 영혼을 파리하게 만듭니다. 가브리엘 마르케스의 소설 『아무도 대령에게 편지하지 않았다』의 작중 인물인 대령은 날마다 항구로 나가서 뭍으로부터 오는 소식을 기다립니다. 그는 15년 동안 군인 연금 수령 대상자가 되었다는 전갈을 기다리지만, 그 기다림은 번번이 실망으로 끝나고 맙니다. 대령은 쓸쓸하게 발걸음을 돌리다가 먹을 것을 찾아 거리를 헤매는 수탉을 보고 혼잣소리처럼 말합니다. "친구, 인생은 쓸쓸한 거라네."

우리의 기다림은 이런 것이 아닙니다. 주님을 기다리는 이들은 주님이 기뻐하시는 일을 하며 기다려야 합니다. 주님이 기뻐하시는 일

은 무엇일까요? 한마디로 요약할 수 있습니다. 생명을 풍성하게 하는 일입니다. 주님이 병든 이들을 고치시고, 귀신을 쫓아내고, 죄인들의 벗이 되신 것은 이 한 가지 목표로 수렴됩니다. 주님을 기다리는 이들은 생명이 함부로 유린되는 현실에 저항해야 합니다. 생명을 살리고 풍성하게 하기 위해서는 늘 '그리스도 안에' 머물러야 합니다. 줄기에서 잘린 가지에는 열매가 맺히지 않는 법입니다. 주님과 접속되어 있을 때 우리는 비로소 생명과 평화라는 열매를 맺게 됩니다. 주님 안에 있는 이들은 모든 것이 풍족하다고 느낍니다. 늘 결핍감에 시달리는 사람의 특색은 인색함입니다. 인색함은 물질만 아끼는 것이 아니라, 다른 사람을 인정하기를 꺼리는 마음도 내포합니다. 주님 안에 있을 때만 인색함이라는 질병에서 벗어날 수 있습니다.

주님을 기다리는 사람은 주님을 만날 곳이 어디인지를 잘 분별해야 합니다. 며칠 전 우리 교우 한 사람이 페이스북에 쓴 글을 읽었습니다. 포항에 가려고 기차표를 예매했고, 30분 정도 일찍 서울역에 도착하여 느긋하게 책을 보며 출발 시간을 기다렸습니다. 그러다가 문득 이상한 생각이 들어 확인해 보니 용산역에서 출발하는 표였습니다. 불과 8분밖에 남지 않아 결국 그는 그 차를 타지 못했습니다. 저도 똑같은 경험이 있기에 그 심정을 잘 압니다. 엉뚱한 곳에 가서 기다리면 안 됩니다. 주님은 당신이 어디로 오실지 우리에게 힌트를 주셨습니다. 마태복음 25장에 보면 주님은 세상에서 가장 작은 자의 모습으로 우리에게 다가오십니다. 우리가 진정 주님을 기다리는 사람들이라면 지금 춥고 배고픈 이들에게 마음을 두고 그들 곁에 다가서야 합니다. 이것이 대림과 성탄 시기에 우리가 명심해야 할 일입니다.

회복의 시간을 내다보며

주님 오심을 기다리는 사람들은 어떤 꿈을 품고 살아야 할까요? 한비야 씨는 긴급구호 사역 경험을 기록한 책 『지도 밖으로 행군하라』에서 훗날 주님 앞에 서는 날 단 한마디의 말을 들으면 족하다고 말했습니다. '애썼다.' 소박하지만 도전이 되는 말입니다. 주님의 일을 성심껏 수행한 사람만 꿈꿀 수 있는 말입니다. 바울 사도는 주님이 나타나실 날에 흠잡을 데 없는 사람으로 서야 한다고 말합니다. 그 말이 참 무

겹습니다. 게으르고, 자기중심적이고, 욕망에 휘둘리기 일쑤인 우리
로서는 언감생심처럼 여겨지는 말입니다. 아무리 생각해 봐도 이런
목표를 이루는 게 불가능할 것만 같습니다. 하지만 바울은 그 희망의
뿌리가 우리가 아니라 우리를 끝까지 튼튼하게 세워 주실 주님이라
고 말합니다. 우리를 부르시고, 그 아들 우리 주 예수 그리스도와 친
교를 가지게 해 주신 신실하신 주님이 우리 희망의 뿌리입니다.

　하지만 타성에 젖어 그런 삶의 목표조차 세우지 못하는 게 문제
입니다. 대림절은 우리 마음은 물론이고, 각박해진 삶을 돌아볼 것
을 요구합니다. 죄와 허물, 이기심과 그릇된 습성의 더께가 앉은 마
음, 무정한 마음, 사나운 마음, 인색한 마음을 자꾸만 닦아내 하나
님의 형상이 드러날 수 있도록 하라는 초대입니다. 신앙 체험을
'breakthrough' 곧 '돌파'라는 말로 설명할 수 있습니다. 오시는 주님
은 이미 익숙해진 우리 삶에 균열을 내고, 우리의 자아와 자기 중심성
을 깨뜨립니다. 주님을 모신다는 것은 바로 그런 가능성 앞에 서는 일
입니다. 어느 때부터인지 도시인들은 웬만하면 자기 집에 다른 이들
을 초대하지 않습니다. 자기 사생활을 공개하고 싶지 않은 것입니다.
익숙해진 삶(routine)에 누가 틈입하는 것을 허용하려 하지 않습니다.
우리는 정말 주님을 기다리는 사람입니까? 주님께서 우리의 안일한
삶을 돌파하여 우리 삶을 뒤흔드시길 원합니까? 먼저 이 질문 앞에
서야 합니다. 사실 자기의 흉한 마음과 몰골을 바라보는 것도 힘들고,
인정하는 것은 더욱 어렵습니다. 더 이상 이렇게 살고 싶지 않다는 절
박함이 없다면 주님을 기다린다는 말은 허구일 뿐입니다. 그렇기에

대림절은 은총의 시간입니다. 우리 존재를 새롭게 할 기회이기 때문입니다. 울면서라도 우리 마음을 닦아야 합니다. 늦었다고 지레 포기하면 안 됩니다. 함석헌 선생의 시 〈님이 오신다〉는 주님 맞을 준비를 하지 못해 허둥대는 이들을 향해 주님이 주시는 위로의 말씀을 전합니다.

이 애 이 애 걱정 마라
나도 같이 쓸어주마
나 위해 쓸자는 그 방
내가 쓸어 너를 주고
닦다가 닳아질 네 맘 내 닦아주마

은혜입니다. 주님을 모시기 위해 마음을 여십시오. 몸과 마음을 닦으십시오. 골짜기는 메우고, 산과 언덕은 평평하게 하고, 굽은 것은 곧게 하고, 험한 길은 평탄하게 하십시오(눅 3:5). 올해 대림절이 우리 모두에게 잊을 수 없는 회복의 시간이 되기를 기원합니다. 아멘.

(2017. 12. 3. 대림절 제1주)

기다림은 그에게로 가는 것

요 6:48-51

⁴⁸나는 생명의 빵이다. ⁴⁹너희의 조상은 광야에서 만나를 먹었어도 죽었다. ⁵⁰그러나 하늘에서 내려오는 빵은 이러하니, 누구든지 그것을 먹으면 죽지 않는다. ⁵¹나는 하늘에서 내려온 살아 있는 빵이다. 이 빵을 먹는 사람은 누구나 영원히 살 것이다. 내가 줄 빵은 나의 살이다. 그것은 세상에 생명을 준다.

기다린다는 것

오늘도 우리의 손과 발을 빌어 이 땅에 오고 계신 주님의 은총이 우리 가운데 임하시기를 빕니다. 교회력으로 한 해의 시작이 기다림으로 시작된다는 것이 매우 의미심장하게 다가옵니다. 장엄한 빛의 창조를 전한 창세기 기자가 "저녁이 되고 아침이 되니 이는 첫째 날이니라"라고 말했던 것이 떠오릅니다. 아침이 활동을 위한 시간이라면 저녁은 돌아봄의 시간입니다. 우리가 해야 할 일도 물론 중요하지만 돌아봄 혹은 성찰이 인간의 근본이라는 말일까요? 우리는 지금 무엇을 기다리고 있나요? 시인 황지우의 〈너를 기다리는 동안〉은 기다림의 본질이 무엇인지를 우리에게 인상 깊게 보여줍니다.

기다리는 사람은 그 대상을 막연히 기다리지 않습니다. 그가 올 자리에 미리 가서 그를 맞이하려 합니다. 기다림은 그리움이기도 합니다. 그리움이란 어떤 대상이 온통 우리 마음을 차지하고 있는 상태입니다. 그리워하던 대상과 만날 수 있다는 기대는 우리를 들뜨게 만듭니다. 그렇기에 "다가오는 모든 발자국들"이 가슴에 쿵쿵거리는 겁니다. 시인은 "바스락거리는 나뭇잎/하나도 다 내게 온다"라고 노래합니다. 그리움은 이처럼 사람을 예민하게 만듭니다. 그리워하는 이들은 온몸이 귀가 되어 어떤 기척에든 반응합니다. 기다림이 길어질 때는 초조함도 깊어집니다. 시인은 마침내 '기다림은 너에게로 가는 것'이라고 노래합니다.

주님을 기다리는 이들은 막연히 기다리는 사람들이 아니라, 그리움을 품고 주님이 오실 길을 닦는 사람입니다. 광야에서 외치는 소리였던 세례자 요한은 주님 오실 길을 닦는 것을 자기의 소명으로 삼았습니다. 높은 곳은 낮추고, 우묵한 것은 돋워주고, 구부러진 것은 바로 펴는 것이야말로 진정한 기다림의 자세입니다.

예수의 자기 이해

정말 주님 오심을 기다리고 계신지요? 도스토옙스키의 『카라마조 프 가의 형제들』에 나오는 '대심문관'은 재림하신 주님을 지하 감옥에 가둔 후 당신은 오시지 말았어야 했다고 말합니다. 우리끼리 잘하고 있는데, 당신이 와서 질서를 교란하면 안 된다는 것이었습니다. 사람 들은 자유가 아니라 빵을 원하고, 덤덤하고 한적한 평화보다는 신비 를 원하고, 평화로운 공존보다는 권력을 원한다는 것이었습니다. 그 옛날 광야에서 사탄에게 시험을 받으실 때 주님이 거절하셨던 바로 그것이 보통 사람들에게는 복음이라는 말인 셈입니다. 어쩌면 이게 적나라한 우리의 실상인지도 모르겠습니다. 우리가 기다리는 주님은 어떤 분입니까? 오늘 본문을 통해 다시 한번 이 질문에 대해 답해 보 면 좋겠습니다.

광야에서 한 소년이 바친 보리떡 다섯 덩이와 물고기 두 마리로 오 천 명이 넘는 이들이 배불리 먹은 사건을 경험한 후에 사람들은 예수 를 억지로 모셔다가 왕으로 삼으려 했습니다. 물질적 궁핍으로부터 자기들을 건져 줄 존재로 인식했기 때문일 것입니다. 하지만 예수는 그런 기대를 저버리고 혼자서 산으로 물러나셨다가 제자들이 배를 타고 갈릴리 호수를 건너고 있을 때 물 위를 걸어 제자들에게 다가가 셨습니다. 주님이 배에 오르시자 배는 가려던 곳에 당도했습니다. 예 수를 따르던 사람들은 육로를 통해 주님 일행을 찾아왔습니다. 어떤 절박함이 그들을 그 자리로 이끌었던 것이겠지요. 하지만 주님은 그들에게 다소 냉정하게 들릴 수도 있는 말씀을 하십니다.

> 너희가 나를 찾는 것은 표징을 보았기 때문이 아니라, 빵을 먹고 배가
> 불렀기 때문이다. 너희는 썩어 없어질 양식을 얻으려고 일하지 말고, 영
> 생에 이르도록 남아 있을 양식을 얻으려고 일하여라. 이 양식은 인자가
> 너희에게 줄 것이다. 아버지 하나님께서 인자를 인정하셨기 때문이다
> (요 6:26-27).

주님은 그들에게 정말 필요한 것은 먹을 양식이 아니라 삶의 의미
혹은 보람이라는 사실을 일깨워 주고 싶어 하십니다. 당장 주린 배를
채울 빵도 필요하지만, 인간은 영생에 이르도록 남아 있을 양식을 구
할 때 사람다워진다는 것입니다. 주님이 그들에게 그 양식을 주겠다
고 말하자 사람들은 모세를 통해 내렸던 만나를 떠올리며 가시적인
표징을 요구합니다. 주님은 재차 "하나님의 빵은 하늘에서 내려와 세
상에 생명을 주는 것"(6:33)이라고 말합니다. 여전히 말귀를 알아듣지
못한 그들은 그 빵을 달라고 청합니다. 그때 주님이 하신 말씀은 충격
적입니다. "내가 생명의 빵이다", "나는 하늘에서 내려온 살아 있는 빵
이다", "내가 줄 빵은 나의 살이다. 그것은 세상에 생명을 준다."

이 말처럼 예수님의 삶을 잘 요약한 말이 또 있을까요? '하늘에서
내려온 살아 있는 빵'은 어떤 신비한 실체가 아니라 예수님의 삶 그
자체가 바로 하늘에서 내려온 살아 있는 빵입니다. '살아 있는 빵'은
'살리는 빵'입니다. 빵은 먹힐 때 비로소 자기 존재 목적을 달성합니

다. 예수님은 남을 복되게 하고 살리기 위해 자기 자신을 먹이로 세상에 내주셨습니다. 바로 그것이 성찬(聖餐)의 신비입니다. 하늘로부터 내려온 생명의 빵을 먹는 사람은 예수의 꿈을 자기의 꿈으로 삼고 살아야 합니다. 주님의 삶은 한 마디로 생명을 풍성하게 하는 데 바쳐진 삶이었습니다. 주님은 병든 이들을 치유하고, 귀신을 쫓아내 온전케 하고, 소외감 속에서 살아가는 이들의 벗으로 사셨습니다. 또한 겨자풀이 어깨를 걸고 서로의 버팀목이 되어주는 것처럼 살아가는 것이야말로 하나님 나라의 시작임을 사람들에게 일깨워 주셨습니다. 우리가 정말 주님을 기다린다면 그런 삶을 여기서 시작해야 합니다. 바로 그것이 진실한 기다림이요 그분에게로 가는 것입니다.

이중섭의 천도복숭아

구상 선생은 가까운 벗 이중섭 화백과의 일화를 〈비의〉(秘儀)라는 시 속에 담아냈습니다. 이중섭이 병이 깊어 죽음의 문턱 가까이 다가섰을 때 시인도 결핵으로 피를 토하며 시신처럼 누워 지내야 했다고 합니다. 하루는 그가 불쑥 나타나서 애들 도화지 한 장을 내밀었습니다. 거기에는 애호박만큼 큰 복숭아 한 개가 그려져 있었고, 그 한가운데 씨 대신 조그만 머슴애가 기차를 향해 "만세!"/만세를 부르는 그런 시늉을 하고 있었습니다. 구상은 그것을 받으며 "이건 또 자네의 바보짓인가, 도깨비 놀음인가?" 하고 픽 웃었더니 그도 따라서 씩 웃으며 말했습니다.

복숭아, 天桃 복숭아
님자 常이, 우리 具常이
이걸 먹고 요걸 먹고
어이 빨리 나으란 그 말씀이지

이중섭은 그렇게 흥얼거리더니 획 돌쳐서 나갔습니다. 그게 끝이
었습니다. 이중섭은 얼마 후 세상을 떠났고 구상은 살아남았습니다.
10년쯤 지난 후 구상은 다시 큰 수술을 받고 자리에 누워 있었습니
다. 마침 복숭아 철이었는지 食床엔 복숭아가 자주 올라왔습니다. 시
인은 그것을 집어 들 때마다 "복숭아 天桃 복숭아/님자 常이, 우리 具
常이/이걸 먹고 요걸 먹고/어이 빨리 나으란 그 말씀이지" 했던 仲燮
의 天桃 생각이 나서 '그의 말씀을 가만히 되뇌이기도 하고 되씹기도'
했다고 합니다. 그런데 그 천진스런 가락이 영절스러운 축문처럼 변
하더니 어느 결에 또 다른 한 분의 음성과 겹쳐졌습니다. "이것은 내
몸이니 받아 먹으라/이것은 내 피니 받아 마시라/나를 기억하기 위
해/이 禮를 행하라" 자기도 죽음의 문턱에 있으면서 아픈 친구를 위해
그림을 그리는 마음이 그리스도의 마음과 닮았습니다.

성찬은 이런 것입니다. 우리도 누군가의 기억 속에 이렇게 하늘을
떠올리게 하는 사람이면 좋겠습니다. 누군가의 시린 손을 잡아주고,
눈물 흘리는 이들 곁에 머물고, 누군가가 절실히 필요로 하는 것을 제

공하려고 노력할 때 우리는 하나님의 살아계심을 상기시키는 이가 될 것입니다. 하늘에서 내려온 생명의 빵을 먹는 사람들마다 우리 이웃들에게 생명의 빵이 되어야 합니다. 그런 삶이야말로 진실한 기다림이며, 오시는 주님을 향하여 나아가는 일입니다. 이 거룩한 부름에 응답하여 우리의 나날이 하늘의 평강과 기쁨으로 가득 차기를 기원합니다. 아멘.

(2018. 12. 02. 대림절 제1주)

광야로 나간 까닭

마 11:2-11

²그런데 요한은, 그리스도께서 하신 일들을 감옥에서 전해 듣고, 자기의 제자들을 예수께 보내어, ³물어 보게 하였다. "오실 그분이 당신이십니까? 그렇지 않으면, 우리가 다른 분을 기다려야 합니까?" ⁴예수께서 그들에게 대답하셨다. "가서, 너희가 듣고 본 것을 요한에게 알려라. ⁵눈 먼 사람이 보고, 다리 저는 사람이 걸으며, 나병 환자가 깨끗하게 되며, 듣지 못하는 사람이 들으며, 죽은 사람이 살아나며, 가난한 사람이 복음을 듣는다. ⁶나에게 걸려 넘어지지 않는 사람은 복이 있다." ⁷이들이 떠나갈 때에, 예수께서 무리에게 요한을 두고 말씀하셨다. "너희는 무엇을 보러 광야에 나갔더냐? 바람에 흔들리는 갈대냐? ⁸아니면, 무엇을 보러 나갔더냐? 화려한 옷을 입은 사람이냐? 화려한 옷을 입은 사람은 왕궁에 있다. ⁹아니면, 무엇을 보러 나갔더냐? 예언자를 보려고 나갔더냐? 그렇다. 내가 너희에게 말한다. 그렇다. 그는 예언자보다 더 훌륭한 사람이다.

이 사람을 두고 성경에 기록하기를, [10]'보아라, 내가 내 심부름꾼을 너보다 앞서 보낸다. 그가 네 앞에서 네 길을 닦을 것이다' 하였다. [11]내가 진정으로 너희에게 말한다. 여자가 낳은 사람 가운데서 세례자 요한보다 더 큰 인물은 없었다. 그런데 하늘 나라에서는 아무리 작은 이라도 요한보다 더 크다."

영혼의 죽비

평화의 왕으로 우리 가운데 오시는 우리 주님의 가슴 벅찬 희망과 기쁨이 교우 여러분 모두와 함께하시기를 빕니다. 우리는 기다림의 초, 소망의 초 그리고 화해의 초, 기쁨의 초에 불을 밝혔습니다. 우리 마음에도 그런 빛이 밝혀지기를 소망합니다. 우리가 대림절에 기억해야 할 사람들이 많이 있습니다. 예수님의 어머니인 마리아를 기억해야 하지만 이 시기에 잊지 못할 사람은 세례자 요한입니다. 주님 오실 길을 닦았던 세례자 요한, 그분을 꼭 기억해야만 하겠습니다. 그는 주님이 오실 길을 닦는 것을 자기의 소명으로 여겼던 사람입니다. 그리고 자신이 얼마나 부족한지도 깊이 인식하고 있었기에 주저함 없이 예수님을 세상에 메시아로 소개할 수 있었던 사람입니다. 그 때문에 많은 그리스도인이 세례자 요한을 매우 존경하고 있습니다.

제가 신학교에 처음 들어갔을 때 교가를 배우는데 일반적으로 교가는 "관악산 정기 받아" 이런 거 아니에요? 그런데 우리 신학교에서 배웠던 교가는 가슴을 참 벅차게 만들었습니다. "광야에 소리치며 굽은 길 곧게 하니 그 이름은 예언자, 그 이름은 예언자." 이렇게 시작되는 교가를 들으면서 우리가, 왜, 이곳에 부름 받았나 하는 것을 가슴 벅차게 느꼈던 적이 있는데, 세례 요한은 바로 그런 광야의 길을 닦는 사람으로 우리 가운데 왔습니다.

들 사람이었던 요한은 오랜 식민지 생활에 찌들대로 찌들어서 자기들이 제사장 나라와 거룩한 백성으로 부름 받았다는 사실조차 까맣게 잃어버린 채 욕망의 벌판 속을 달려가는 일에 허둥대고 있었던 백성들을 내리치는 일종의 죽비와 같은 존재였습니다. '우리가 이렇게 살면 안 된다. 우리가 마땅히 살아야 할 삶이 있지 않느냐'는 것을 일깨워 주는 강력한 죽비였습니다. "회개하여라. 하나님 나라가 가까이 왔다." 쇠북소리처럼 울려 퍼지는 세례자 요한의 그 불호령을 듣고 많은 사람이 그 앞에 나왔습니다. 예루살렘과 온 유대와 요단강 인근에 사는 모든 사람이 세례자 요한 앞에 나왔고, 자기들의 죄를 자백하고 세례를 받았다고 성경이 이야기해 주고 있습니다. 여기서 '죄'라고 번역된 'hamartia'는 우리가 저지르는 구체적인 죄를 뜻한다기보다는 마땅히 가야 할 길에서 빗나갔다는 의미이고 생각과 행동으로 하나님의 법을 거슬렀다는 의미입니다. 자기들의 죄를 자백했다고 하는 말은 자기들의 과거에 부끄러웠던 삶을 청산하고 하나님의 뜻에 맞는 삶을 살고자 하는 마음의 열망이 표현됐다고 이야기해야 할 것입니다. 요한 앞에 나온 사람들 가운데는 사두개파 사람들과 바리새파 사람들도 있었습니다. 유대교의 변혁 운동을 대표한다고 하는 그들이 요한 앞에 나왔습니다. 놀라운 일입니다. 그들은 스스로 사람들 앞에서 자기들이 종교적으로 얼마나 떳떳한 인생을 살고 있는지 자랑하던 사람들입니다. 그들이 요한의 외침 앞에 나와 부복했습니다. 요한은 그들을 칭찬할 법도 한데, 오히려 요한은 그들을 준엄하게 꾸짖었습니다. "독사의 자식들아, 누가 너희에게 닥쳐올 진노를 피하라고 일러주더냐"라고 말하고 있습니다. 매우 신랄합니다. 요한은 백성들로부터 높임을 받는 것을 당연하게 여기던 그들을 독사의 자식이라고 부르고 있습니다. 독사의 자식이라고 하는 것은 교활하고 사악하다는 말입니다. 요한은 '바리새파' 혹은 '사두개파'라는 자부심에 가득 차서 다른 이들을 낮춰보던 그들의 허위의식을 산산조각 내고 있습니다. 모두의 존중을 받았던 그들을 독사의 자식이라고 부르고 있으니 그들이 쓰고 있었던 가면이 깨지는 고통을 느꼈을 겁니다. 제 욕심껏 살면서 오히려 거룩한 사람이라고 하는 의상까지 걸치려고 했던 그들의 탐욕이 사정없이 폭로되고 있음을 알 수 있습니다. 그들에게 필요한 것은 '아브라함의 자손'이라고 하는 알량한 자부심이 아니었습니다. 왜냐하면 하나님은 돌들로도 아브라함의 자손을 만드실 수 있었기 때문입니다. 그들에게 필요한 것은 회개에 합당한 삶이었습니다. 회개에 합당한 삶이란 어떤 것일까요. 요한은 여러 차례 얘기한 적이 있죠. 군인들에겐 사람에게서 강탈하지 말고, 세리에게는 정한 것 이상 받지 말라고 이야기했습니다. 옷 두 벌 있는 사람은 옷 없는 사람에게 나눠줘야 한다고 했습니다. 구체적인 그런 덕목만이 아니라 회개에 합당한 삶이란 나의 옆에 있는 사람들이 하나님이 창조하신 존재임을 인정하고 아낄 줄 아는 마음이 회개의 시작입니다. 그리고 우리 가운데 고통받고 있는 사람들이 있을 때, 그들의 아픔을 나와 무관한 것으로 여기지 않는 것이 바로 회개의 열매입니다. 거기서 한 걸음 더 나아가자고 한다면 나의 특권과 안일함을 내려놓고 고통받는 사람을 위해 나를 선물로 내줄 줄 아는 삶이 바로 회개에 합당한 삶이라 하겠습니다.

오늘 여러분은 이런 회개에 합당한 삶을 살고 있는지요. 우린 누군가를 혐오하거나 경멸하고 있진 않은지요. 나의 이익을 위해 누군가를 수단으로 삼고 있지는 않은지요. 나의 특권을 강화하기 위해 누군가를 억울하게 만들고 있지는 않은지요. 우리도 요한의 사자후 앞에 서 있습니다.

광야에 서 있네

이 놀라운 이야기를 들으면서 줄곧 드는 생각이 있습니다. 오늘날 너무나 많은 목회자가 세례자 요한처럼 힘 있게 말씀을 선포하지 못한다는 사실이 그 첫 번째고, 또 설사 그렇게 선포하는 사람들이 있다 해도 정말로 자기 삶의 방식을 참회하면서 돌이키는 사람을 만나기 어렵다는 생각이 들었습니다. 왜 그럴까요? 우리는 정말 하나님의 뜻대로 살 수 없는 핑계를 수도 없이 만들며 삽니다. 혼인 잔치를 배설해놓고 손님들을 청했을 때, "나는 밭을 샀으니 나가봐야 한다", "겨

광야로 나간 까닭

릿소를 샀기에 소가 쟁기를 잘 끄는지 봐야 한다" 혹은 "나는 결혼했으니까 갈 수 없다"라고 말하면서 자기들의 루틴을 깨뜨리는 초대를 거절했던 사람들처럼, 우리 또한 주님의 초대를 거절하는 일에 익숙해져 있는 것은 아닌가 생각해보자는 이야기입니다. 사람들은 곤경에 처하지 않으면, 한계상황에 몰리지 않으면 하늘의 소리에 민감하게 반응하지 않는 게 인간의 버릇입니다. 사람들은 바로 그런 일상 속에 갇혀 살고 있습니다. 고난이라고 하는 것을 좋아할 사람은 하나도 없습니다. 저도 고난받는 거 싫습니다. 하지만 때때로 내가 원치 않는 고난이 내게 닥쳐오는 것이 우리에게 유익하게 될 때도 있습니다. 고난이야말로 우리의 자아를 파쇄하는 망치가 될 때가 있기 때문에 그렇습니다. 내 힘으로 뭐든지 할 수 있다고 느꼈었는데 내 힘으로 할 수 있는 일이 별로 없다는 사실을 알아차릴 때, 내가 한낱 유한한 인간에 지나지 않는다는 사실을 절감하게 될 때 그래서 하나님의 은혜 없이는 살 수 없음을 절감하게 되는 때, 이것은 생애 한복판이 아니라 생애 주변부에 몰렸을 때임을 우리가 경험을 통하여 알고 있습니다. 그 때문에 시편 기자는 시편 119편 71절에서 이렇게 고백합니다. "고난 당한 것이 내게 유익하게 되었습니다. 그 고난 때문에 나는 주님의 율례를 배우게 되었습니다"라고 말합니다. 고난이 아니었더라면 알 수 없는 것이 그것이지요. 지금 인생의 광야를 지나는 분들이 계십니까? 고난의 어둠 속에 울고 있는 분들이 계십니까? 어쩌면 그 고난 혹은 광야는 우리의 자아를 깨뜨리고 새로운 존재로 거듭나게 하려는 하나님의 초대일 수도 있습니다. 올봄에 여러분께 소개해 드렸던 〈광야에 서 있네)라는 복음성가가 기억나실지 모르겠습니다. 이번 기다림의 절기에 그 곡을 찾아서 다시 한번 듣고 그 가사를 음미해봤습니다. 가사가 이러합니다.

왜 나를 깊은 어둠 속에 홀로 두시는지 어두운 밤은 왜 이리 길었는지 나를 고독하게 나를 낮아지게 세상 어디도 기댈 곳이 없게 하셨네 광야 광야에 서 있네/주님만 내 도움이 되시고 주님만 내 빛이 되시는 주님만 내 친구 되시는 광야 주님 손 놓고는 단 하루도 살 수 없는 곳 광야 광야에 서 있네/주께서 나를 사용하시려 나를 더 정결케 하시려 나를 택하여 보내신 그곳 광야 성령이 나를 다시 태어나게 하는 곳 광야 광야에 서 있네/내 자아가 산산이 깨지고 높아지려 했던 내 꿈도 주님 앞에 내려놓고 오직 주님 뜻만 이루어지기를 나를 통해 주님만 드러나시기를 광야를 지나며

질문하는 용기

이 가사가 정말로 우리 신앙생활에 어떤 그 번지를 가리키고 있다고 얘기할 수 있습니다. 고독합니다. 그리고 어디에도 기댈 곳이 없습니다. 이런 난감함 속에 있는 이들이 얼마나 많이 있습니까. 그렇게 주변에 있는 사람들 다 물러가고 홀로 외로울 때, 주님이 내 손 잡아주지 않으면 외로움 속에 파멸할 수밖에 없는 그때, 주님이 우리를

그곳에 서게 하신 까닭은 무엇입니까? 우리를 정결케 하기 위함이라고 고백하고 있지 않습니까? 그래서 그 정결케 함을 통해 나의 자아가 깨지고 내 꿈이 아니라 하나님의 꿈 이루어지기를 바란다고, 그것이 광야의 복이라고 시인은 그렇게 고백하고 있는 것입니다. 그렇습니다. 살다 보면 누구나 다 광야에 유폐될 때가 있습니다. 광야의 사람인 세례자 요한은 지금 헤롯이 사해의 그 동쪽에 세워놓은 '마케루스'(Machaerus)라고 하는 요새에 유폐되어 있습니다. 권력자의 비위를 건드렸기 때문에 체포되어서 그는 죽음을 기다리고 있었습니다. 그는 외로웠습니다. 사자후처럼 울리던 그의 목소리는 더 이상 사람들의 가슴에 가닿을 수가 없습니다. 그의 가슴에 여전히 하늘의 불이 붙고 있었으나 그 가슴의 불 옮겨붙을 가슴이 없었기 때문에 그렇습니다. 그것이 그의 새로운 광야 불모지였습니다. 그는 죽는 것이 두렵진 않았지만 그의 선포와 사역이 중단되는 것이 안타까웠습니다. 그리고 그는 마음속에 한 가지 의혹이 떠올랐습니다. 하나님의 통치가 이루어지는 것을 보지 못하고 죽을 수도 있다는 그런 의혹 말입니다.

스멀스멀 의혹이 그의 가슴을 파고들었기에 그는 제자 둘을 예수님께 보내어 묻습니다. "오실 그분이 당신이십니까? 그렇지 않으면 우리가 다른 사람을 기다려야 할까요?"(마 11:3) 이것은 그의 일생 전체를 걸고 하는 질문입니다. 세례자 요한은 일찍이 예수님을 가리켜 "보라 세상 죄를 지고 가는 하나님의 어린 양이로다" 증언했습니다. 또 예수님에 비하면 자신은 그분의 신들메를 풀기도 감당할 수 없다고 말했습니다. 예수님께로 제자들이 많이 옮겨가고 있다는 이야기를 들었을 때, 그분은 흥하여야 하겠고 나는 쇠하여야 하겠다고 말했던 것이 요한입니다. 그러나 요한의 마음속에 한 가지 의구심이 싹트고 있었습니다. 예수 그리스도가 걷는 그 길이 자기가 기대하던 길이 아니었기 때문에 그렇습니다. 세례 요한은 심판자로 오시는 엄정한 주님을 내다보고 있었습니다. 그래서 사람들에게 외쳤죠. "도끼를 이미 나무 뿌리에 갖다 놓았으니 좋은 열매를 맺지 않는 나무마다 다 찍어서 불 속에 던지실 것"이라고, 오시는 분은 그런 역할을 할 거라고, 오시는 주님은 손에 키를 들고 "타작 마당을 깨끗하게 하여서 알곡은 곳간에 들이고, 쭉정이는 꺼지지 않는 불 속에 던질 것"(마 3:10, 12)이라고 얘기했습니다. 무서운 심판자의 이미지가 그 속에 있습니다. 그가 생각하는 메시아는 죄로 얼룩진 세상을 쓸어버리면서 새로운 질서를 가져오는 그런 분이었습니다. 그러나 여러분, 예수님은 어떠했습니까? 오히려 병든 사람들 속으로 갔습니다. 눈물 흘리고 있는 사람들의 눈물을 닦아주셨습니다. 귀신 들린 사람들을 불쌍히 여겼습니다. 소외된 사람들의 벗이 되어 주셔서 식탁 공동체를 함께 나누었습니다. 세상을 쓸어버리기는커녕 오히려 죄인으로 규정된 사람들을 사랑으로 보듬어 안으셨습니다. 그렇게 요한은 지금 주님 앞에 질문하고 있는 겁니다. "오실 그분이 당신이십니까?" 요한은 태워버리는 불로서 메시아를 기다렸습니다. 그런데 자신이 메시아라고 생각했던 예수님은 태워버리는 불이 아니라 오히려 따뜻하게 감싸 안는 불이었던 거예요. 온기 충만한 불이었던 것이에요. 그래서 묻습니다. "우리가 다른 분을 기다려야 할까요?"

예수의 길

요한의 그 질문에 예수님은 가타부타 대답하지 않으십니다. 그리고 질문을 던진 그 제자들에게 말씀하십니다. "너희가 듣고 본 바를 가서 요한에게 전하여라"라고 말합니다. 당신이 누구인지를 명시적으로 말하지 않고 당신이 있는 곳에서 벌어지고 있는 사건을 가리켜 보이고 있습니다. "눈먼 사람이 보고, 다리 저는 사람들이 걷게 되고, 나병 환자가 깨끗하게 되고, 죽은 자가 살아나고, 듣지 못하던 사람이 듣고, 가난한 사람들에게 복음이 전파된다 하여라"라고 말합니다. 이것이 예수 그리스도가 보여준 것입니다. 그리고 말씀하십니다. "나에게 걸려 넘어지지 않는 사람은 복이 있다"(마 11:4-6)라고 말합니다.

예수님은 당신이 하나님의 아들이라고 그 비밀을 가서 요한에게 말하라고 하지 않습니다. 당신과 더불어 벌어지고 있는 역사 속에 생명 회복 사건을 보여주고 있습니다. 이사야 35장에 나오는 그 사건이 현실이 되고 있음을 보여주고 있습니다. 그 사건, 그가 일으키는 사건이 그가 누구인지를 보여준 것입니다. 예수 그리스도는 바로 그처럼 은혜의 해 자체, 곧 희년이 되신 분이었습니다. 주님은 세상에 슬픔과 연약함 속으로 기꺼이 들어가셨습니다. 고난받는 종의 노래에 나오는 것처럼, 그분은 우리 대신 질고를 짊어지셨습니다(사 53:4). 우리의 슬픔을 함께 슬퍼하신 분이었습니다. 아니, 우리의 슬픔을 대신 겪으신 분이었습니다. 그에게는 당신과 무관한 사람이 하나도 없었습니다. 오늘 외로움 속에 있는 분들 계십니까? 여러분의 슬픔과 고통

이 주님과 절대로 무관할 수 없습니다. 주님에게는 자기의 외부가 없어 나와 무관한 사람이 없어요. 자기 외부가 없는 존재가 하나님입니다. 그래서 그 예수 그리스도의 사람과 만났던 사람들은 예수님을 가리켜 하나님의 아들이라고 고백했던 거예요. 이것은 고백의 언어입니다.

세상에는 도덕적으로 꾸짖고 매섭게 죽비를 내리치는 스승이 더러 있습니다. 그들도 중요합니다. 그분들을 부정해서는 안 됩니다. 예수의 길도 죽비처럼 내려치는 길이어야 할 때가 있습니다. 그러나 몸과 마음이 상한 자들의 상처와 슬픔과 연약함을 부둥켜안고 그 속에서 빛이 비춰 나오도록 하는 그 사랑의 사도들을 만나기는 매우 어렵습니다. 주님은 그 불의를 꾸짖는 죽비이기도 했지만 고통 받는 사람들을 그저 부둥켜안는 그런 사랑의 품이기도 했습니다. 그 사랑을 경험한 사람들은 누구나 다 변화를 경험했습니다. 『침묵』으로 유명한 작가인 엔도 슈사쿠가 썼던 책 가운데 『사해의 호반』이라고 하는 책이 있는데, 거기에서 예수님은 빌라도에게 심문을 받는 장면이 등장합니다. 빌라도가 예수님께 묻습니다.

"그러면 너는 저 의원들의 말처럼 민중을 선동하였는가?" 주님이 대답합니다. "나는 다만 한 사람 한 사람의 슬픈 인생을 가로질러 그들을 사랑하려고 했을 뿐이오." 빌라도가 묻습니다. "황제는 오래 지속하지 못한다고 말했는가?", "황제보다도, 예루살렘보다도, 로마보다도 오래오래 계속되는 것이 있다고 말한 것이오." "무엇이 로마보다 오래오래 지속되느냐?", "그 사람들의 인생에 내가 가닿은 흔적이오.

내가 한 사람 한 사람의 인생을 가로질러 남겨놓은 흔적, 그것은 사라지지 않는다고 말한 것이오." 엔도 슈사쿠의 문학에서 흔적이라고 하는 말은 그의 문학 전체를 꿰뚫는 키워드입니다. 우리도 살아가면서 누구의 가슴속에 흔적을 남겨놓습니다. 그것은 사라지지 않습니다. 예수와 만난 사람들, 그 사랑받음을 경험한 사람들의 가슴속에 남겨진 흔적 바로 그것이 하늘빛이라 말할 수 있을 겁니다.

엔도의 또 다른 책인 『깊은 강』이라고 하는 책에서 오오츠는 예수라는 이름 자체 듣기를 꺼리고 있는 나루세에게 이렇게 말합니다. "나루세 씨는 일본사람이기 때문에 예수라는 이름을 듣는 것만으로도 도망가고 싶겠지요. 가능하면 예수라는 이름을 '사랑'이라는 이름으로 이해해 주십시오. 사랑이란 말이 낡아빠진 느낌이 든다면 생명의 따스함으로 그렇게 불러 주세요"라고 말합니다.

예수, 그를 하나의 실체로 말하기보다는 사랑으로, 사랑이라는 말이 낡아빠진 것처럼 느껴진다면 생명의 따스함으로 불러 달라고 그렇게 말하고 있습니다. 예수님은 생명의 따스함을 가지고 세상을 변화시킨 분입니다. 물론 예수님은 말랑말랑하기만 한 분은 아닙니다. 무골호인과 같은 분이 아닙니다. 불의 앞에서는 사자처럼 화를 내기도 하는 분이었습니다. 그렇지만 그렇다고 하여 그분은 거칠지 않았습니다. 오늘날 소위 스스로 지도자라 하는 자들이 거친 언사를 내뱉고 있는데 이것은 다 가짜임을 보여줍니다. 마태복음 11장 말미에서 주님은 "수고하고 무거운 짐 진 사람들은 모두 내게로 오너라. 내가 너희를 쉬게 하겠다"라고 말씀하셨습니다. 그 사랑에서 제외되는 사람은 아무도 없습니다.

큰 자와 작은 자

　요한의 질문에 주님이 그렇게 대답하신 후 요한의 제자들이 돌아
간 다음에 주님은 당신을 에워싸고 있는 사람들에게 말씀하셨습니
다. "너희는 무엇을 보려고 광야에 나갔더냐? 바람에 흔들린 갈대냐,
좋은 옷 입은 사람이냐? 화려한 옷 입은 사람은 왕궁에 있지 않더냐?
너희가 광야에 나간 것은 예언자를 보기 위함이 아니었더냐? 옳다 너
희들이 예언자를 보았다." 그리고 주님이 말씀하십니다. "여인이 낳은
사람 가운데 세례자 요한보다 큰 자는 없었다." 그 얼마나 위대한 존
재인지를 얘기합니다. 그리고는 수수께끼 같은 말씀을 하나 덧붙입
니다. "그러나 하나님 나라에서는 가장 작은 자라도 요한보다 크다"라
고 얘기합니다. 이 말이 수수께끼입니다. 그래서 어떤 사람들은 요한
은 하나님 나라에 들어가지 못했다고 말하는 사람도 있고, 다양한 해
석들이 나오고 있습니다. 그런데 여러분, 우리 양심적으로 가슴에 손
을 얹고 생각해봅시다. 우리보다 요한의 삶이 못합니까? 그의 인간됨,
우리말로 얘기하면 그의 드레가 우리보다 못합니까? 그렇지 않습니
다. 요한이 하나님 나라에서 꼴찌에 있다는 얘기가 아니고 요한과 더
불어 옛 세계가 끝나고 주님과 더불어 새로운 세계가 시작되고 있음
을 뜻하는 말입니다. 요한이 우리보다 못하다고 하는 말이 절대로 아

니라는 말씀입니다. 여인이 낳은 사람 가운데 가장 위대한 자라고 얘기했습니다. 그리고 그와 더불어서 새로운 역사가 시작되고 있기 때문에 그것을 가리켜 보이기 위함이지 우리가 그보다 낫다고 말하기 위함이 아닙니다. 이것을 우리가 알아차려야 합니다.

　욕망의 벌판에서 허덕이며 사는 우리, 가끔은 광야에 나가야 합니다. 죽비처럼 쏟아지는 말씀과 만나야 합니다. 우리의 허위의식을 깨뜨리는 말씀과 만나서 우리가 깨져야 합니다. 무너져야 합니다. 회개해야 합니다. 그러나 여러분, 깨진 상태로만 새로운 존재는 될 수 없습니다. 주님이 마음 상한 이들을 품어 안으셨던 것처럼 깨진 마음을 품어 안고, 어루만지고, 그들 속에 희망을 창조하시는 주님의 사랑, 생명의 따스함 속에 안겨야 합니다. 오시는 주님은 우리를 그렇게 감싸 안기 위해 오십니다. 그러나 주님은 오늘 알몸으로 우리 곁에 오고 계십니다. 누군가 그 알몸을 덮어줄 요가 되어야 합니다. 주님은 바로 우리가 당신을 덮어줄 담요가 되기를 원하십니다. 우리를 따뜻하게 보듬어 안기 위해 오시는 주님이 우리를 주님의 옷으로 삼으시기를 소망합니다. 이러한 되먹임의 관계를 통해서 주님의 영광이 드러나고 우리의 삶이 거룩함에 이를 수 있기를 주의 이름으로 축원합니다.

(2019. 12. 15. 대림절 제3주)

마라나 타!

고전 16:21-24

²¹나 바울은 친필로 인사의 말을 씁니다. ²²누구든지 주님을 사랑하지 않는 사람은 저주를 받으라! 마라나 타! 우리 주님, 오십시오. ²³ 주 예수의 은혜가 여러분과 함께 있기를 빕니다. ²⁴나는 그리스도 예수 안에서 여러분 모두를 사랑합니다

라헬의 울음

주님의 은총과 평강이 우리 가운데 임하시기를 빕니다. 4주간의 대림절 마지막 주일을 맞았습니다. 주님 모실 자리는 잘 마련하고 계신지요? 설렘과 기쁨으로 주님을 모시고 싶은 우리의 염원은 연이어 들려온 비극적인 소식으로 인해 찢기고 말았습니다. 한 대학병원 인큐베이터에 있던 신생아들이 모종의 감염으로 인해 죽었습니다. 아기

들의 시신을 담은 조그마한 박스 그리고 그 위에 무심히 내리는 눈발이 그렇게 슬플 수 없었습니다. 제천에서 일어난 스포츠센터 화재 사고로 많은 이들이 죽거나 다쳤습니다. 생명을 노래해야 하는 계절에 눈물과 절규, 안타까움의 탄식이 넘칩니다. 주님의 위로가 모든 이들에게 임하시기를 빌 뿐입니다.

우리는 마태가 전하는 첫 번째 크리스마스 이야기에 등장하는 어둡고 무서운 현실을 기억하고 있습니다. 마태는 베들레헴 인근에서 태어난 두 살 미만의 아기들이 헤롯이 보낸 군인들에 의해 학살당했다고 말합니다. 다른 복음서에는 등장하지 않는 그 이야기가 실제 발생한 사건인지 확인할 수는 없지만 마태의 의도는 분명합니다. 그는 예수를 '새로운 모세', 곧 백성을 구원할 분으로 소개하려 합니다. 헤롯에 의해 자행된 영아 학살 이야기는 이집트에서 벌어졌던 히브리 아기들의 학살 이야기와 연결되고 있습니다. 그 두 이야기는 새로운 세상은 대가를 치르지 않으면 올 수 없다고 말하는 듯합니다. 기존 체제를 뒤흔들 수 있는 존재의 등장을 힘 있는 이들이 용납할 리가 없습니다. 예수님의 탄생 이야기에는 천사들의 노랫소리, 성탄의 별, 동방박사, 목자들, 구유 등 우리 마음을 따뜻하게 하는 요소들도 있지만, 짙은 그림자 또한 드리워 있음을 잊지 말아야 합니다. 잠시 후 브라스밴드가 연주할 코벤트리 캐롤(Coventry Carol)은 16세기 영국의 코벤트리 지역의 성탄절 연극에서 처음 등장한 노래인데, 베들레헴에서 죽임당한 아기들이 주님 품에서 편히 쉬기를 바라는 엄마의 자장가라고 합니다. 우리에게는 낯설지만 서양에서는 자주 연주되는 곡이라고 합니다. 그 장중한 선율은 에덴 이후 시대를 살아가는 인간의 현실을 냉철하게 돌아볼 것을 요구하고 있습니다.

이제나 그제나 어머니의 눈물이 마르지 않는 세상입니다. 그럼에도 불구하고, 아니 그렇기에 더 이상 억울한 죽음이 없는 세상, 모든 이들이 저마다의 생명을 한껏 누리는 세상의 꿈을 포기할 수 없습니다. 우리가 주님을 기다리는 것은 그 때문입니다. 그분을 모시고, 그분과 함께 이 척박한 세상에 평화의 씨를 심어야 합니다.

아나테마

오늘 우리가 읽은 말씀은 고린도교회에 보내는 바울의 첫 번째 편지의 종결부입니다. 신앙적 이견으로 말미암아 혼란에 빠진 고린도교회를 바로 세우기 위해 바울은 참 긴 편지를 썼습니다. 음식 규정, 음행 문제, 교인들 간의 송사 문제, 이방인과의 접촉 문제, 성만찬, 예배의 질서, 은사에 대한 이해, 가장 큰 은사인 사랑과 부활에 이르기까지 바울은 참 다양한 주제를 다뤘습니다. 16장은 편지의 마무리입니다. 어려운 이들을 돕기 위한 연보를 어떻게 해야 할지, 고린도에 가서 머물고 싶은 개인적 바람, 디모데를 잘 영접해 달라는 부탁과 아울러 아볼로의 근황도 전합니다. 고린도교회가 바울에게 파견했던 스데바나, 브드나도, 아가이고가 얼마나 귀한 역할을 감당했는지를 전하면서 이렇게 말합니다.

이 사람들은 나의 마음과 여러분의 마음에 생기를 불어넣어 주었습니다. 여러분은 이런 사람들을 알아주어야 합니다(고전 16:18).

훈훈합니다. 따뜻한 문안 인사를 건넨 후에 덧붙인 말이 오늘의 본문입니다. 바울은 이 서신을 누군가에게 대필시켰던 것 같습니다. 편지 말미에 그는 마치 서명을 하듯 친필로 몇 구절을 적었습니다. 그런데 그 어조가 사뭇 단호합니다. 편지를 읽는 모든 이들을 긴장시키기에 충분합니다. "누구든지 주님을 사랑하지 않는 사람은 저주를 받으라!" 바울은 다정다감하고 온유한 사람이라기보다는 때로는 칼날처럼 단호하게 군더더기를 잘라내는 사람이었던 것 같습니다. 진리를 거스르는 자들에 대해서는 거친 말도 서슴지 않았습니다. 갈라디아교회에 보낸 편지에서도 '다른 복음'을 전하는 할례주의자들을 경계하면서 이렇게 말합니다. "할례를 가지고 여러분을 선동하는 사람들은, 차라리 자기의 그 지체를 잘라 버리는 것이 좋겠습니다"(갈 5:12). 진리 앞에서는 어떤 타협의 여지도 남겨 두지 않는 단호함이 느껴집니다.

"누구든지 주님을 사랑하지 않는 사람은 저주를 받으라!"는 이 말은 엉거주춤한 상태에서 신앙생활을 하는 이들을 혼곤한 잠에서 깨우는 일종의 죽비입니다. 이것을 기독교인이 아닌 사람들을 함부로 대하는 근거로 활용하면 안 됩니다. '저주'를 뜻하는 아나테마(anathema)는 다양한 맥락에서 이해되어야 합니다. 성경에서 저주라는 단어는 타락 이후에 하나님께서 유혹자인 뱀에게 벌을 내리시는 이야기 가운데 처음 등장합니다. "네가 이런 일을 저질렀으니, 모든 집짐승과 들

짐승 가운데서 네가 저주를 받아, 사는 동안 평생토록 배로 기어 다니고, 흙을 먹어야 할 것이다"(창 3:14). 그 후에 땅에도, 동생을 죽인 가인에게도 저주가 내립니다. 하나님이 내리시는 저주는 본래 삶의 가능성에서 멀어짐을 초래합니다. 땅은 불모의 장소로 바뀌고, 인간은 소속감을 잃은 채 세상을 떠돌게 됩니다. 사람과 사람 사이를 이어주는 결속 감정이 해체되면서 세상은 점점 적대적 공간으로 변해갑니다. 그런 세상에 살다가 가슴에 퍼런 멍이 든 사람들도 누군가를 저주합니다. 남을 인정할 줄 모르고, 깎아내리려 합니다. 그런 행위 자체가 이미 화입니다.

저주를 받는다는 것은 공동체로부터의 소외를 뜻하기도 합니다. 제1성서에서 부정한 행위를 한 사람은 진 안에 머물 수 없었습니다. 그들은 진 밖에서 정화의 시간을 보내야 했습니다. 바울 사도는 "누구든지 주님을 사랑하지 않는 사람은 저주를 받으라!"고 강하게 말하고 있지만 주님을 사랑하지 않음 그 자체가 이미 저주인지도 모르겠습니다. 주님을 사랑하는 이들은 자기 좋을 대로 살 수 없습니다. 그는 하나님의 마음을 기준 음으로 삼아 자기 삶을 조율합니다. 그렇게 사는 삶 자체가 복입니다. 반대로 제 욕심껏 사는 삶은 그 자체로 저주입니다. 이것은 제 말이 아닙니다. 요한복음은 믿지 않는 사람은 이미 심판을 받았다고 말합니다. 빛보다 어둠을 더 좋아하는 것(요 3:18-19)이 그 판단 근거입니다.

은총이 오고, 세상은 물러가라

이어진 대목도 강렬합니다. "마라나 타, 우리 주님, 오십시오"(22). '마라나 타'라는 단어는 우리에게 익숙합니다. 이 단어는 아람어로 '주님'이란 뜻의 '마르'(mar)와 '오다'라는 뜻의 '아타'(ata)가 결합된 것입니다. '마란 아타'(maran atha)라고 하면 '우리 주님이 오신다 혹은 오실 것이다'라는 뜻이 되지만, '마라나 타'(marana tha)라고 하면 청유형으로 "우리 주님 오소서"라는 뜻이 됩니다.* 새번역성경은 청유형으로 번역해 놓았습니다.

이 단어는 기독교 초기 문헌에서 단 두 군데만 등장한다고 합니다. 하나는 오늘의 본문이고 다른 하나는 "열두 사도의 가르침" 혹은 "디다케"(Didache)라고 알려진 문헌입니다. 디다케는 대략 주후 100년경에 시리아에서 기록된 것으로 보이는데, 사도 이후 시대 곧 초기 교회 생활의 면모를 이해하는 데 결정적인 문헌입니다. 많은 교부가 이 책을 인용했는데, 원본은 오랫동안 발견되지 않다가 19세기 말에 발견된 아주 소중한 문헌입니다. 디다케 10장 6절에 이런 구절이 나옵니다.

> 은총이 오고, 이 세상은 물러가라/다윗의 하나님 호산나/어느 누가 거룩하면 오고/거룩하지 못하면 회개하라/마라나 타. 아멘.

---

* The Anchor Bible Dictionary, vol.4, 514 참조.

초기 교회 신자들은 주님이 오실 날을 기다리며 살았습니다. 온갖 시련과 박해 속에서도 그들이 믿음을 포기하지 않았던 것은 종말론적 소망이 있었기 때문입니다. 그들은 주님과 더불어 시작될 새 하늘과 새 땅을 바라보고 살았습니다. 하늘만 바라보며 막연히 기다린 것이 아니라, 그런 세상을 선취하기 위해 노력했습니다. 사도행전의 첫 머리에는 주님이 승천하시던 장면이 등장합니다. 제자들이 구름에 싸여 하늘로 올라가시는 주님을 바라보고 있을 때 천사들이 나타나서 말합니다.

갈릴리 사람들아, 어찌하여 하늘을 쳐다보면서 서 있느냐? 너희를 떠나서 하늘로 올라가신 이 예수는, 하늘로 올라가시는 것을 너희가 본 그대로 오실 것이다(행 1:11).

믿음으로 산다는 것은 지금도 이 세상에 들어오시는 주님의 몸이 되는 것입니다. '마라나 타!'라고 말하는 이들은 자기의 몸과 마음, 시간과 물질을 그분께 바쳐야 합니다. 주님께 바친 것만이 영원성을 부여받습니다. 믿는 이들은 주님을 잉태하는 자들이어야 합니다. 불임의 신앙에 머물면 안 됩니다. 바울의 삶이 우리의 모델입니다.

나의 간절한 기대와 희망은, 내가 아무 일에도 부끄러움을 당하지 않고 온전히 담대해져서, 살든지 죽든지, 전과 같이 지금도, 내 몸에서 그리스도께서 존귀함을 받으시리라는 것입니다. 나에게는, 사는 것이 그리스도이시니 죽는 것도 유익합니다(빌 1:20-21).

살든지 죽든지 우리 몸에서 그리스도께서 존귀함을 받기를 바라는 마음이 있습니까? 이 마음을 얻지 못해 우리는 여전히 세상에 매여 삽니다. 가련한 인생입니다.

삶의 회복

주님의 은혜를 기원한 바울은 마지막으로 이런 고백을 하고 있습니다. "나는 그리스도 예수 안에서 여러분 모두를 사랑합니다. 아멘"(16:24). 의례적인 인사가 아닐 것입니다. 인간적으로 보자면 고린도 교인들에게 서운한 마음이 왜 없겠습니까? 그럼에도 불구하고 그는 고린도 교인들 모두를 사랑한다고 말합니다. 사랑은 좋아함과는 다릅니다. 진정한 사랑은 저절로 발생하는 감정이 아니라 의지적인 노력을 수반하는 도전입니다. '그리스도 안에' 머물 때, 곧 그 사랑의 자장 안에 있을 때에라야 가능한 일입니다. 주님을 기다린다는 것은 바로 그 마음과 접속하기를 열망한다는 말일 것입니다.

제가 마음으로 늘 그리워하고 있는 브루더호프 공동체의 장로인 하인리시 아놀드는 지난 12월 19일에 내놓은 대림절 메시지에서 우리 시대를 이렇게 진단합니다. "우리가 살고 있는 이 세상은 희망 없음으로 가득 차 있습니다. 빈곤, 폭력, 전쟁, 자연 재난, 성 추문, 인종

차별, 차별대우, 중독… 셀 수 없을 정도로 우울한 현실입니다." 이런 현실 가운데서 교회가 제시해야 할 희망이 무엇일까요? 그는 누가복음 15장에 주목하자고 말합니다. 거기서 주님은 말씀을 듣기 위해 당신께 나아온 세리들과 죄인과 더불어 음식을 먹기도 하고, 말씀도 나누셨습니다. 바리새파 사람들과 율법학자들은 주님의 그런 처신이 맘에 들지 않아 불퉁댔습니다. 그때 주님은 세 가지 비유를 들려주십니다. 하나는 잃어버린 한 마리 양의 비유입니다. 목자는 양 아흔아홉 마리를 들에 두고, 길 잃은 양을 찾아다녔고, 마침내 찾았을 때 기뻐하며 돌아와 "벗과 이웃 사람을 불러 모으고, '나와 함께 기뻐해 주십시오. 잃었던 내 양을 찾았습니다' 하고 말할 것"(눅 15:6)이라 하셨습니다. 드라크마 열 닢 가운데 하나를 잃어버린 여인도 온 집안을 쓸며 샅샅이 뒤지다가 "찾으면, 벗과 이웃 사람을 불러 모으고 말하기를 '나와 함께 기뻐해 주십시오. 잃었던 드라크마를 찾았습니다' 할 것"(눅 15:9)이라고 하셨습니다. 다음에 나오는 것이 그 유명한 잃어버린 아들의 비유입니다. 아버지의 유산을 미리 받아 먼 타지에 가서 다 탕진하고 돌아온 아들을 맞아준 아버지는, 화가 나 집에 들어오기를 거절하는 큰아들에게 이렇게 말합니다. "너의 이 아우는 죽었다가 살아났고, 내가 잃었다가 되찾았으니, 즐기며 기뻐하는 것이 마땅하다"(눅 15:32).

세 비유 모두 잃어버렸던 것을 되찾은 후에 누리는 기쁨을 언급하고 있습니다. 성탄은 어쩌면 우리 시대에 길을 잃어버린 사람들, 잊혀진 사람들, 절망의 나락에 떨어진 사람들을 찾아가, 그들의 고향이 되어주라는 요청인지도 모르겠습니다. 누군가의 설 땅이 되어주고, 마음 시린 이들이 안심하고 머물 수 있는 공간을 열어주고, 외로움에 지친 이들의 품이 되려는 이들은 자기들 속에 하늘의 기쁨이 유입되고 있음을 알게 될 것입니다. 우리는 누군가의 기쁜 소식이 되어야 합니다. 이 마음을 품을 때, 주님도 우리 속에 들어와 좌정하실 것입니다. 오시는 주님과 더불어 아름다운 세상을 만들어가는 기쁨을 한껏 누릴 수 있기를 빕니다. 마라나 타! 아멘.

(2017. 12. 24. 대림절 제4주)

세례자 요한의 증언

요 1:29-34

²⁹다음 날 요한은 예수께서 자기에게 오시는 것을 보고 말하였다. "보시오, 세상 죄를 지고 가는 하나님의 어린 양입니다. ³⁰내가 전에 말하기를 '내 뒤에 한 분이 오실 터인데 그분은 나보다 먼저 계시기에, 나보다 앞서신 분입니다'한 적이 있습니다. 그것은 이분을 두고 한 말입니다. ³¹나도 이분을 알지 못하였습니다. 내가 와서 물로 세례를 주는 것은, 이분을 이스라엘에게 알리려고 하는 것입니다." ³²요한이 또 증언하여 말하였다. "나는 성령이 비둘기같이 하늘에서 내려와서 이분 위에 머무는 것을 보았습니다. ³³나도 이분을 몰랐습니다. 그러나 나를 보내어 물로 세례를 주게 하신 분이 나에게 말씀하시기를, '성령이 어떤 사람 위에 내려와서 머무는 것을 보거든, 그가 바로 성령으로 세례를 주시는 분임을 알아라' 하셨습니다. ³⁴그런데 나는 그것을 보았습니다. 그래서 나는, 이분이 하나님의 아들이라고 증언하였습니다."

수기욕(守其辱)

주님의 은총과 평강이 우리 가운데 임하시기를 빕니다. 대림절 셋째 주일입니다. 어둠이 점점 깊어가는 계절입니다. 바람이 코끝을 매섭게 스치던 어느 날 저녁, 공원을 산책하다가 별이 총총한 밤하늘을 기대하며 하늘을 바라보았지만, 별은 그저 손에 꼽을 수 있을 정도에 지나지 않았습니다. 물론 별이 사라진 것은 아닙니다. 별을 바라보는 우리 시선을 인공의 불빛과 오염 물질들이 차단하고 있을 뿐입니다. 문득 동방박사들이 서울 같은 대도시에서 살았다면 성탄의 별을 발견하지 못했을 거라는 생각이 들었습니다. 별빛의 인도에 따라 주님 앞에 이르렀던 사람들은 그래도 행복한 사람들입니다. 우리는 문명화된 시대에 살면서도 길을 찾지 못하고 가리산지리산 헤매고 있으니 말입니다. 조롱과 냉소와 악다구니가 넘치는 세상에서 근근이 버티며 살다 보니 마음이 헛헛하기 이를 데 없습니다. 우리 마음은 나날이 옹색해져 주님을 모실 여백이 없습니다. 그럴수록 더욱 고요한 시간을 마련해야 합니다. 타고르의 『기탄잘리』를 읽다가 이 대목에서 큰 위로를 받았습니다.

당신은 그의 조용한 발자국 소리를 못 들었습니까?
그는 오십니다, 오십니다, 늘 오십니다.
순간마다 해마다, 날마다 밤마다,
그는 오십니다, 오십니다, 늘 오십니다.

숱한 노래를 마음의 숱한 느낌에 따라 불러 왔지만

그 모든 가락이 언제나 부르짖었던 것은

"그는 오십니다, 오십니다, 늘 오십니다." (후략)

햇빛 밝은 사월에는 숲속 오솔길로 오시고, 칠월 밤비 오는 날에는 천둥 치는 구름 마차를 타고 오시고, 연이은 슬픔에 겨운 우리 마음에도 가만가만 다가오시고, 기쁨 속에도 찾아오십니다. 주님은 그렇게 우리에게 다가오고 계십니다. 오시는 주님을 맞이하기 위해 필요한 것은 마음을 열고 주님을 영접하는 것뿐입니다.

주님을 기다리는 대림절에 우리가 꼭 기억해야 할 사람 가운데 하나가 세례자 요한입니다. 그는 척박한 유대 광야에 머물면서 자기를 찾아오는 이들에게 회개의 세례를 베풀었습니다. 제 욕심에 이끌려 다른 이들의 아픔 따위는 아랑곳하지 않고 살아가는 이들을 준엄하게 꾸짖었습니다. 세례자 요한은 욕망에 휘둘리며 사느라 나른해진 영혼들을 후려치는 죽비였고, 주님 오실 길을 닦으라고 외치는 들소리였습니다. 그의 말은 거칠었습니다. 힘 있는 사람들의 비위를 맞추기 위해 모호하고 애매하게 말할 줄 몰랐습니다. 그렇기에 그 말은 살아 움직였습니다. 사람들 속에서 사건을 일으켰습니다. 사람들이 척박한 광야로 나갔던 것은 바람에 흔들리는 갈대를 보기 위해서도 아니고, 화려한 옷을 입은 사람을 보기 위해서도 아니었습니다(마 11:7-9). 예언자를 보기 위해서였습니다.

아니, 어쩌면 사람들은 그가 메시아일지도 모른다고 생각했습니다. 예루살렘에 있던 제사장들과 레위 지파 사람들이 사람을 보내 물었습니다. "당신은 누구요?" 그때 요한은 분명하게 말했습니다. "나는 그리스도가 아니요." 사람들이 또다시 "당신은 엘리야요? 그도 아니면 그 예언자요?" 하고 물었을 때 그는 단호하게 아니라고 대답합니다. '그 예언자'는 구원의 시대에 등장할 메시아와 같은 인물을 일컫는 단어입니다. 요한은 자기는 다만 주님 오실 길을 닦는 사람이라면서, 자기는 그분의 신발 끈을 풀 만한 자격도 없다고 말합니다. 요한의 위대함은 여기에 있습니다. 자기를 높이고 싶은 것은 인지상정입니다. 그러나 요한은 그런 병통에 물들지 않았습니다.

『노자』28장에는 이런 말이 나옵니다. "부귀영화를 모르는 바 아니로되 비천하고 낮은 자리에 처하면 천하의 골짜기를 이룬다"(知其榮 守其辱 爲天下谷, 장일순, 이현주 번역). 세례자 요한이 자기를 낮추었다고 해서 그를 비루한 존재로 볼 사람은 아무도 없습니다. 현대인들은 인색함의 병에 걸렸습니다. 기독교 전통이 말하는 인색함이란 물질을 아끼는 것만이 아닙니다. 다른 사람을 인정하기를 싫어하는 것이 가장 큰 인색함입니다. 자기를 높이기 위해 남을 깔아뭉개려는 이들이 너무 많습니다. '수기욕'(守其辱), 즉 사람들이 싫어하는 그 낮은 자리에 자발적으로 내려가는 것, 바로 그것이 위대한 영혼들이 보여주는 삶의 방식입니다.

세상 죄를 지고 가는 하나님의 어린 양

요한은 어느 날 예수께서 자기에게 오시는 것을 보고 말합니다. "보시오, 세상 죄를 지고 가는 하나님의 어린 양입니다." 그 증언 앞에서 참 복잡한 생각이 듭니다. 주님의 모습이 어떻게 보였길래 요한이 이런 말을 하는 것일까요? 우리는 어깨가 축 처진 사람을 보면 세상의 모든 근심 걱정을 다 짊어진 것 같다고 말하곤 합니다. 그런 뜻일까요? '죄를 지고 간다'는 말은 실은 '죄를 제거한다'는 뜻에 가깝습니다. 요한이 속해 있던 공동체가 예수님을 어떻게 받아들이고 있는지가 잘 드러나는 구절입니다. 그들은 예수님의 죽음을 유월절에 희생당하는 어린양에 빗대 이해했습니다. 아시다시피 유대인들은 유월절이 되면 묵은 누룩을 다 제거하고, 누룩이 들지 않은 빵과 쓴 나물을 먹었고, 어린양을 잡아 피 뿌리는 의식을 행함으로 죽음의 자리에서 그들을 구해주신 하나님의 은총을 기렸습니다.

예수는 죄를 제거하는 분입니다. 어떻게 없애는 것일까요? 사람들은 흔히 예수의 피의 공로로 죄를 사한다고 말합니다. 사람들은 이 말을 마치 주술처럼 되뇝니다. 하지만 예수님의 피라는 말은 죄와 슬픔과 유한성에 갇힌 인간에 대한 주님의 가없는 사랑을 나타내는 말로 이해해야 합니다. 저는 세상의 모든 죄가 뱀이 선악과를 권하며 건넸던 말, 즉 '네가 신처럼 되리라'는 말과 연결된다고 생각합니다. 자기 확장의 욕망이야말로 우리를 사로잡고 있는 원죄입니다. 결국 그런 욕망 때문에 경쟁에 몰두하고, 약자들을 억압하고 착취하고, 소수자들을 배제하고 혐오합니다. 일단 이런 욕망의 회로에 갇히면 하나님도 이웃도 보이지 않습니다. 그런 삶이 지속될 때 외로움이 찾아오고, 타인에 대한 두려움이 점점 커집니다. 인간 존재는 본래 상호 귀속적인 존재로 지어졌습니다. 하나님이 아담의 갈비뼈로 하와를 만들었다는 의미를 저는 그렇게 이해합니다. '너 없이는 나도 없다', 이것이 성경이 기초하고 있는 인간론입니다. 참된 인간의 길에서 벗어날 때 세상은 적대적인 공간으로 변합니다. 두려움을 이기기 위해 또 더 큰 힘을 추구합니다. 이게 바로 벗어날 수 없는 죄의 회로입니다. 예수님은 이런 회로 속에 갇힌 이들을 구해주십니다.

주님은 불의한 자들은 가차 없이 꾸짖으셨지만 연약한 자들은 한없는 사랑으로 보듬어 안으셨습니다. 주님은 자기 앞에 있는 이들을 세상에서 더없이 소중한 존재로 대하셨습니다. 복음서에 보면 주님은 병든 이들의 몸에 손을 대실 때가 많습니다. 정결법에 위배되는 일이었습니다. 하지만 주님은 그 슬픔의 몸뚱이에 손을 대심으로 그들의 부정함을 당신에게로 옮기셨습니다. 그래서인가요, 이미 세상을 떠난 채희동 목사는 예수를 걸레질하는 분으로 표현했습니다.

걸레가 자기 몸을 희생하고 바치고 헌신하여 더러운 곳을 닦아내고 깨끗하게 아름답게 하는 것처럼, 십자가가 의미하는 것 또한 자기 희생, 자기 헌신, 자기 내어놓음, 자기 비움, 자기 나눔이 아닌가*

---
* 채희동, 『걸레질하시는 예수』, (서울: 대한기독교서회, 2004), 45.

아까 위대한 영혼들의 특색이 '수기욕'(守其辱)이라 했지요? 영화로운 자리를 탐하지 않고 오히려 자기를 낮추고 또 낮추신 예수님이야말로 수기욕의 화신이 아니겠습니까? 예수님의 사랑과 만난 사람은 자기 속에 있는 쓴 뿌리가 녹아내림을 경험합니다. 강압적 방식으로는 죄를 제거할 수 없습니다. 환부를 도려내는 수술처럼 악을 제거해야 할 때도 있지만, 궁극적으로 죄는 녹여야 하고, 사랑으로 닦아야 합니다. 죄에서 해방된 사람이라야 창조적인 생명을 누릴 수 있습니다. 메마른 땅을 종일 걸어가듯 곤고한 인생이라 해도 삶을 경축하며, 생명의 신비를 찬탄하며 살 수 있습니다.

나보다 앞서신 분

세례자 요한은 예수에게서 이런 따뜻함을 보았습니다. 자기는 꾸짖어 깨우치는 사람이었지만, 예수는 사랑으로 생명을 낳는 사람이었습니다. 예수님이 화도 낼 줄 모르는 무골호인이었다는 말이 아닙니다. 주님은 사람들의 생명을 위축시키는 일체의 권위를 준엄하게 꾸짖으셨습니다. 성전 체제가 착취의 도구로 전락한 것을 보고 채찍을 휘두르기도 하셨고, 폭력을 신처럼 숭상하는 헤롯을 두고는 '여우'라고 욕하기도 했습니다. 예수님은 불의와 협력하기를 단호히 거절하셨고, 약자들의 편에 서서 말하기를 주저하지 않았습니다. 그럼에도 예수님의 모든 말과 행동은 생명을 온전케 하는 일에 바쳐졌습니다. 요한은 자기의 의식과 성정이 미칠 수 없는 깊이를 예수님에게서 보았습니다. 그래서 이렇게 말합니다.

내가 전에 말하기를 '내 뒤에 한 분이 오실 터인데, 그분은 나보다 먼저 계시기에, 나보다 앞서신 분입니다' 한 적이 있습니다. 그것은 이분을 두고 한 말입니다(30).

누가복음의 증언을 근거로 하자면 세례자 요한은 예수님보다 대략 육 개월 정도 먼저 태어났습니다. 생물학적으로 보자면 요한이 먼저 태어난 게 분명합니다. 하지만 요한은 예수가 자기보다 먼저 계신 분이라고 말합니다. 이 말은 시간의 선후를 일컫는 말이 아닙니다. 저는 이것을 하나님의 마음 혹은 영원에 더 가까이 다가선 사람이라는 말로 받아들입니다. 흔히 메시아 예언으로 소개되고 있는 이사야의 말씀도 같은 사실을 가리킵니다.

한 아기가 우리를 위해 태어났다. 우리가 한 아들을 모셨다. 그는 우리의 통치자가 될 것이다. 그의 이름은 '놀라우신 조언자', '전능하신 하나님', '영존하시는 아버지', '평화의 왕'이라고 불릴 것이다(사 9:6).

영혼에는 시간의 선후가 없습니다. 미가도 이스라엘을 다스릴 분이 올 거라면서 "그의 기원은 아득한 옛날, 태초에까지 거슬러 올라간다"(5:2)고 말한 바 있습니다. 예수님은 "아브라함이 태어나기 전부터 내가 있다"(요 8:58)고 하심으로 유다인들의 공분을 산 적이 있습니다. 역사의 지평만 바라보는 이들에게는 시간의 선후가 분명하지만, 하늘의 눈으로 세상을 바라보는 이들에게는 시간의 선후는 큰 의미가 없습니다. 변화산에 오르신 주님이 모세와 엘리야와 더불어 이야기를 나누셨다는 말 속에 담긴 뜻도 마찬가지입니다.

성령이 그 위에 머무시는 분

세례자 요한은 자기도 그분을 몰랐다고 정직하게 고백합니다. 만일 부활하신 주님이 지금 우리 곁에 다가오시면 우리는 그분을 알아볼 수 있을까요? 아주 오래전 우리 신학교 학장님이 갑자기 세상을 떠나셨을 때 밤을 지새우던 교수님 한 분이 "학장님이 떠나시고 나니 비로소 그분이 우리 곁에 머물던 천사임을 알겠다"고 말씀하신 기억이 납니다. 인간의 깨달음은 늘 뒤늦게 찾아옵니다. 세례자 요한의 이 고백이 참 중요합니다. '모름'이 중요하다니 무슨 뜻일까요? 성경의 다음 대목에 그 답이 있습니다. 요한이 예수님을 '세상 죄를 지고 가는 하나님의 어린 양'으로 소개한 것은 성령이 비둘기 같이 하늘에서 내려와서 주님 위에 머무시는 것을 보았기 때문입니다. 일찍이 하나님께서 그에게 성령이 어떤 사람 위에 머무는 것을 보거든 그분이 바로 성령으로 세례를 주시는 분임을 알라고 하셨다는 것입니다.

성령이 그 위에 '머문다'(meno)는 말은 '거처로 삼는다'는 뜻입니다.

성령이 누군가를 거처로 삼는다는 말은 무슨 뜻일까요? 하나님의 마음을 알아차린 사람이 된다는 말이 아닐까요? 요한복음에서 성령은 죄와 의와 심판에 대하여 세상의 잘못을 깨우치시는 분(16:8), 사람들을 진리 가운데로 인도하시는 분(16:13)으로 소개되고 있습니다. 주님은 그런 분이셨습니다. 그의 존재 자체가 세상에 대한 심판인 동시에 진리에로의 초대였습니다. 주님과 만난 사람들은 모두 새로운 삶의 지평에 눈을 떴습니다. 아우구스티누스는 어둠에 익숙해진 우리의 눈이 진리를 보게 되는 신비한 은총의 순간을 이렇게 고백했습니다.

> 오, 영원한 진리여! 참된 사랑이여! 사랑스러운 영원이여! 당신은 나의 하나님이시니 당신을 향해 내가 밤낮으로 한숨을 짓습니다. 내가 당신을 처음 보았을 때 당신은 나를 들어 올려 나로 하여금 봐야 할 것을 보게 하셨습니다. 그러나 나에게는 그때까지도 그것을 볼 수 있는 시력이 없었습니다. 당신은 황홀한 강한 빛을 나에게 비추어 내 시력의 약함을 물리치셨습니다.*

성령은 온갖 죄의 비늘에 가려 마땅히 보아야 할 것을 보지 못하는 우리를 들어 올려 보아야 할 것을 보게 하십니다. 그 성령이 예수님을 거처로 삼으셨습니다. 세례자 요한은 바로 그 사실을 증언하고 있습니다. 지금 우리 머리 위에 머물러 있는 것은 무엇인지요? 허망한 열정, 절망감, 두려움, 냉소, 경멸 같은 것은 아닌지요? 성령이 우리 머리

<hr>

* 아우구스티누스/선환용, 『고백록』(서울: 대한기독교서회, 2008), 228.

위에 임하시기를 빌 뿐입니다. 주님이 우리를 거처로 삼아주셔서 우리로 하여금 하나님이 기뻐하시는 일을 소원하게 하시고, 그 일을 실천하며 살 수 있도록 도와주시기를 빕니다. 나른한 평안의 자리를 박차고 일어나 주님이 오시는 곳으로 달려 나가야 할 때입니다. 춥고 낮은 곳에서 신음하는 이들의 마음 자리, 삶의 자리로 나아갈 때 우리 영혼의 어둠도 조금씩 물러갈 것입니다. 우리가 진정 세상의 죄를 지고 가는 어린 양 예수를 따르는 사람이라면 세상의 아픔과 더러움을 닦아내는 일에 헌신해야 합니다. 이 거룩한 소명에 기쁘게 응답하기를 기원합니다. 아멘.

(2017. 12. 17. 대림절 제3주)

의로운 사람 요셉

마 1:18-25

¹⁸예수 그리스도의 태어나심은 이러하다. 그의 어머니 마리아가 요셉과 약혼하고 나서, 같이 살기 전에, 마리아가 성령으로 잉태한 사실이 드러났다. ¹⁹마리아의 남편 요셉은 의로운 사람이라서 약혼자에게 부끄러움을 주지 않으려고, 가만히 파혼하려 하였다. ²⁰요셉이 이렇게 생각하고 있는데, 주님의 천사가 꿈에 그에게 나타나서 말하였다. "다윗의 자손 요셉아, 두려워하지 말고, 마리아를 네 아내로 맞아 들여라. 그 태중에 있는 아기는 성령으로 말미암은 것이다. ²¹마리아가 아들을 낳을 것이니, 너는 그 이름을 예수라고 하여라. 그가 자기 백성을 그들의 죄에서 구원하실 것이다." ²²이 모든 일이 일어난 것은, 주님께서 예언자를 시켜서 이르시기를, ²³"보아라, 동정녀가 잉태하여 아들을 낳을 것이니, 그의 이름을 임마누엘이라고 할 것이다" 하신 말씀을 이루려고 하신 것이다. (임마누엘은 번역하면 '하나님이 우리와 함께 계시다'는 뜻이다.) ²⁴요셉은 잠에서

깨어 일어나서, 주님의 천사가 말한 대로, 마리아를 아내로 맞아들였다. [25]그러나 아들을 낳을 때까지는 아내와 잠자리를 같이하지 않았다. 아들이 태어나니, 요셉은 그 이름을 예수라고 하였다.

시선

주님의 은총과 평강이 우리 가운데 임하시기를 빕니다. 대림절 세 번째 촛불을 밝혀놓고 우리는 어둠이 물러가기를 기다립니다. 대통령에 대한 국회의 탄핵 결정을 보며 어떤 이들은 안도했고, 어떤 이들은 충격에 휩싸여 있습니다. 먼 훗날 역사가는 2016년을 어떻게 기록할지 궁금합니다. 전국 대도시의 거리에서 여러 주에 걸쳐 펼쳐진 평화로운 집회가 세상을 바꾸어 놓았다고 기록할까요? 그것은 그날 이후 우리가 단호하게 평화의 길을 선택하고, 돈이 아니라 생명 가치가 중심이 된 세상을 이루기 위해 헌신할 때 가능한 일입니다. 그 과정이 녹록지 않을 겁니다. 하지만 그것만이 우리가 살길입니다. 다들 그렇겠지만 대림절기를 지나면서도 한동안 마음에 고요함이 없었습니다. 뭔가에 집중하기도 어려웠습니다. 책도 잘 안 읽히고, 기도도 묵상도 잘 안 됐습니다. 영혼이 떠있는 것 같은 느낌이었습니다. 고요한 새벽녘, 어지럽게 흩어지는 마음을 하나님의 마음에 비끄러매기 위해 안간힘을 다하곤 했습니다.

정현종 시인의 〈시선을 기리는 노래〉가 제게 길잡이가 되어 주었습니다.

멀리 있는 것이 없다면 우리가 어떻게 가까이 있는 것과 살 수 있겠는가
바라보는 저 너머가 없다면 우리가 어떻게 여기서 살 수 있겠는가

시인은 우리가 가까이에 있는 것과 더불어 살 수 있는 것은 멀리 있
는 것이 있기 때문이라고 말합니다. 고단하고 신산스러운 현실에 좌
절하지 않고 견딜 수 있는 것은 '저 너머'를 바라볼 수 있기 때문입니
다. 물론 세상에는 '저 너머'를 바라보지 못하도록 우리 눈길을 사로잡
는 것들이 참 많습니다. 당장 먹고 사는 문제가 그러하고, 어지럽게
전개되는 역사의 추이가 그러합니다. 그렇기에 우리는 의도적으로라
도 잠시 멈추어 서서 우리 시선을 '저 너머'로 돌릴 필요가 있습니다.
어떤 이는 믿음을 일러 '먼 빛의 시선'이라 말했습니다. 조금 떨어져서
바라보면 우리가 당장 애면글면하는 일들이 그렇게 중요한 일이 아
닐 수도 있다는 사실을 알아차리게 됩니다. 저는 지인들에게 보내는
편지나 메일에서 분주하더라도 가끔 한눈을 팔며 살라고 말하곤 합
니다. 그래야 현실의 무게에 붙들리지 않을 수 있기 때문입니다. 하늘
을 바라보는 이들은 현실의 암담함에 짓눌리지 않습니다. 고린도교
회에 보내는 편지에서 바울 사도가 한 말도 같은 사실을 가리키고 있
습니다.

우리는 사방으로 죄어들어도 움츠러들지 않으며, 답답한 일을 당해도

의로운 사람 요셉

낙심하지 않으며, 박해를 당해도 버림받지 않으며, 거꾸러뜨림을 당해
도 망하지 않습니다(고후 4:8-9).

하나님께 우리 마음을 자꾸 들어올릴 때, 우리 시선을 먼 데 둘 때
하늘 바람이 우리에게 불어옵니다. 정현종 선생은 "여기 있으면서 항
상 다른 데에도 있을 수 있게 하는 시선이여//움직이지 않지만 항상
떠날 수 있게 하는 시선이여"라고 시선을 기리고 있습니다. 우리는 이
땅의 시민인 동시에 하늘의 시민입니다. 그런 자각이 우리를 나그네
로 살아가도록 만듭니다.

역사의 연결고리

하나님이 하시는 일은 언제나 우리의 상식을 깨뜨립니다. 예수님
의 탄생 이야기도 그러합니다. 마태는 "아브라함의 자손이요 다윗의
자손인 예수의 계보는 이러하다"(마 1:1)라는 말로 시작된 그리스도 이
야기를 족보로 시작하고 있습니다. '누구는 누구를 낳고'라는 구절이
지리하게 이어집니다. 족보 이야기의 마지막은 이렇게 끝납니다. "그
러므로 그 모든 대 수는 아브라함으로부터 다윗까지 열네 대요, 다윗
으로부터 바빌론으로 끌려갈 때까지 열네 대요, 바빌론으로 끌려간
때로부터 그리스도까지 열네 대이다"(마 1:17). 사실 이 족보는 정확하
지 않습니다. 8절에 요람이 웃시야를 낳았다고 되어 있지만 실은 그

사이에 아하시아-요아스-아마샤의 3대가 생략되어 있습니다. 14대라는 숫자에 맞추기 위한 것으로 보입니다. 14는 완전수인 7의 재수입니다. 마태가 그런 왜곡을 가한 것은 아브라함으로부터 시작된 하나님의 구원사의 여정이 예수님에게서 정점을 이룬다는 사실을 강조하기 위한 것이라고 볼 수 있습니다.

18절부터는 예수님의 탄생 이야기가 간략하게 서술되고 있습니다. 이 이야기는 동정녀 마리아의 아들인 예수가 어떻게 요셉의 아들이 되어 다윗의 족보에 속하게 되었는지를 보여줍니다. 여기에 얽힌 복잡한 신학적 논의를 소개할 수는 없습니다. 다만 저는 '요셉'이라는 이름에 주목해 볼 필요가 있다는 말씀을 드리고 싶습니다. 요셉은 히브리 성서에서 매우 중요한 인물입니다. 그는 창세기와 출애굽기를 연결하는 인물이기 때문입니다. 꿈쟁이 요셉이 형제들에게 팔려 이집트에 내려갔다가 바로의 호감을 사 중용되었던 이야기를 우리는 잘 압니다. 야곱 일가가 이집트로 이주했던 것도 요셉이 있었기에 가능했습니다. 창세기는 요셉의 죽음과 장례 이야기로 끝이 나고, 출애굽기는 요셉을 알지 못하는 새 왕이 일어난 이야기로부터 시작됩니다. 그런 의미에서 요셉은 옛 세계와 새로운 세계의 연결고리 역할을 하고 있습니다.

예수님의 아버지 요셉도 마찬가지입니다. 그는 주님 오시기 전과 후를 이어주는 연결고리입니다. 교회 역사에서 요셉은 오랫동안 중요 인물로 취급되지 못했습니다. 서양 미술사에서도 그는 늘 나이 많은 노인의 모습으로 형상화됩니다. 영원한 젊음을 간직한 것처럼 그려지는 마리아와는 대조적입니다. 하지만 저는 대림절기에 요셉을 주목하는 것이 상당히 중요하다고 생각합니다. 마태는 요셉이 마리아와 약혼한 사이였다고 말합니다. 유다의 전통에 따르면 약혼을 통해 두 당사자는 법적인 부부가 됩니다. 약혼한 사이였음에도 불구하고 요셉을 '마리아의 남편'(19)이라 칭하는 것은 그 때문입니다.

하지만 약혼한 사이라 해도 바로 함께 살지는 않았습니다. 신부는 일 년 동안 친정에 머물면서 아내로서 역할을 익혀야 했습니다. 한미한 가정 출신의 여인들이 감당해야 할 일들이 참 많았습니다. 노벨 문학상 수상 작가인 포르투갈의 주제 사라마구는 『예수복음』이라는 책에서 당시 팔레스타인 여성들이 해야 할 일을 죽 열거하고 있습니다.

> 양털에 빗질을 하고, 실을 잣고, 천을 짜고, 매일 아침 가족이 먹을 빵을 굽고, 우물에서 물을 길어 커다란 물동이는 머리에 이고 다른 물동이는 등에 진 채 가파른 골짜기를 올라온다. 늦은 오후에는 샛길과 주위 들판을 돌아다니며 나무를 모으고 그루터기를 베고, 다른 바구니에는 쇠똥을 담고 나사렛의 위쪽 비탈에서 많이 자라는 엉겅퀴와 가시나무도 채워 넣는다(주제 사라마구, 『예수복음』, 정영목 옮김, 해냄, 2010년 1월 20일, 29-30).

참 고단한 일상이었을 겁니다. 1세기 팔레스타인의 경제적 현실을 생각해볼 때 마리아의 삶은 녹록지 않았을 것임에 틀림없습니다. 그래도 가정을 이룰 수 있다는 사실이 마리아의 마음을 달뜨게 했을지도 모르겠습니다. 요셉 또한 마리아와 함께 살게 될 미래를 그려보며 고단한 일상을 견디고 있었을 것입니다.

의로운 사람

그런데 청천벽력 같은 소식이 들려왔습니다. 마리아가 성령으로 잉태한 사실이 드러났던 것입니다. 누가복음은 마리아가 어떻게 잉태되었는지를 상세하게 설명하고 있지만 마태는 일체 그런 이야기 없이, 그야말로 다짜고짜 "같이 살기 전에, 마리아가 성령으로 잉태한 사실이 드러났다"고 이야기합니다. 이 대목은 독자들의 당혹감을 자아냅니다. '어떻게 된 일이지?' 세계의 여러 건국 신화는 나라의 시조나 영웅들이 거품이나 알에서 태어났다고 말합니다. 로마를 세운 쌍둥이 형제 로물루스와 레무스는 늑대 젖을 먹고 자랐다고 합니다. 대개 새로운 역사를 열어가는 이들은 자기 스스로 시조이기에 아버지가 없는 경우가 많습니다. 성령으로 잉태했다는 사실도 그런 건국 신화의 맥락에서 볼 수도 있지만 여기에는 조금 더 깊은 의미가 있는 것으로 보입니다.

우리는 로마제국이 통치의 편의를 위해 황제들을 신화화했다는 사실을 잘 알고 있습니다. 옥타비아누스가 분열되었던 로마를 통일하고 명실상부한 지중해 세계의 지배자가 되자, 로마의 사제 계급들은 옥타비아누스가 어머니 아티아와 아폴론 신 사이에서 태어났다고 말했습니다. 황제는 그로써 신의 아들이라는 호칭을 얻게 된 것입니다. 복음서는 예수님을 로마제국의 강압적인 통치와 대비되는 새로운 질서를 가져온 신적 존재로 소개하기 위해 생물학적 아버지를 지우고 있습니다. 성령으로 잉태했다는 말이 갖는 중요성이 거기에 있습니다. 어쨌든 요셉은 처음부터 지워진 존재입니다. 탄생 이야기와 이집트 피신 이야기에 잠깐 등장할 뿐, 그는 없는 사람이나 마찬가지입니다.

바르셀로나에 있는 성가족교회(Sagrada Familia)을 방문해 본 사람들은 누구나 다 찬탄을 금할 수 없었다고 말합니다. 정교하게 조각된 조형물, 자연광과 인공의 불빛을 적절하게 조화시킨 조명, 해의 각도에 따라 색채가 다르게 느껴지는 스테인드글라스는 화려하지만 난삽하지 않습니다. 1882년에 시작된 공사가 아직 마무리되지 않고 있습니다. 이 예배당은 건물 자체가 놀라움을 안겨주지만, 그보다 신학적으로 중요한 것은 요셉을 복권시켰다는 사실입니다. 성가족교회를 설계하고 시공한 가우디(Antonio Gaudi, 1852~1925)는 요셉을 성가족의 중심 인물로 내세웠습니다. 그것은 또한 노동의 신성함을 복권시킨 것이기도 했습니다. 성가족교회에 있는 〈탄생의 파사드〉에는 요셉이 일하는 장면이 조각되어 있는데, 망치를 들고 일하고 있는 그의 머리 위에는 분주히 날아다니는 일벌들이 새겨져 있습니다. 그는 이름도 없이, 빛도 없이 가정을 돌보는 가장들의 모델이 되고 있습니다.

의로운 사람 요셉, 마리아가 임신했다는 사실을 알아차렸을 때 그의 마음이 어떠했을까요? 그 심정의 쓰라림을 아마 겪어본 사람이 아니면 알 수 없을 겁니다. 배신감에 치를 떨었을까요? 그러나 그는 자기감정을 직접적으로 드러내지 않습니다. 마태는 그가 "약혼자에게 부끄러움을 주지 않으려고, 가만히 파혼하려 하였다"고 말합니다. '부끄러움을 주지 않으려고'라는 구절과 '가만히'라는 단어가 요셉이라는 사람을 설명해주고 있습니다. 그는 철저히 타자 중심적 사고를 하는 사람입니다. 이것이 그의 의로움인지도 모르겠습니다. 이런 마음이 새로운 역사의 초석입니다.

임마누엘

그런데 주님의 천사가 꿈에 요셉에게 나타나 두려워하지 말고 마리아를 아내로 맞아들이라면서, 마리아의 태중에 있는 아이는 성령으로 잉태되었고, 머지않아 아들을 낳게 될 텐데 그 이름을 예수라 하라고 일렀습니다. 예수라는 이름은 히브리어 여호수아의 축약 형태인 예수아를 그리스식으로 음역한 것입니다. 그 이름은 '주님께서 구원하신다'라는 뜻입니다. 천사는 그 아이가 자기 백성을 죄에서 구원하실 것이라고 말합니다. 사실 이것은 예수라는 이름에 대한 부연 설명이라 할 수 있습니다. 마태는 이 일이 하나님의 구원사 속에서 일어난 일임을 입증하기 위해 이사야서를 인용합니다. "보아라, 동정녀가 잉태하여 아들을 낳을 것이니, 그 이름을 임마누엘이라고 할 것이다"라고 하신 말씀이 이루어졌다는 것입니다. 예수는 곧 임마누엘이십니다. 임마누엘은 '하나님이 우리와 함께 계신다'는 뜻입니다.

임마누엘, 이 한 마디 속에 예수의 탄생과 삶과 수난의 신비가 다 담겨 있습니다. 우리가 가장 곤고한 생의 고빗길을 넘을 때, 가까웠던 사람들조차 다 떨어져 나가 지극한 외로움에 몸부림칠 때, 도저히 살아갈 방도를 찾을 수 없어 자포자기적인 심정에 사로잡힐 때, 주님은 그때도 우리와 함께 계십니다. 예수의 삶을 한마디로 요약할 수 있는 단어가 있을까요? 저는 숙명여대의 김응교 교수의 책 제목인 『곁으로』라는 단어에서 힌트를 얻었습니다. 그는 문학이 서야 할 자리가 어디인가를 사유하면서, 문학은 세상의 가장 낮은 자리에 있는 이들 곁으로 다가설 때 탄생한다고 말합니다.

신학 또한 다르지 않습니다. 예수는 세상에 의해 지워진 사람들, 투명 인간 취급받는 사람들, 죄인으로 규정되어 존엄성을 인정받지 못하는 사람들 곁에 늘 다가서셨습니다. 그렇다면 오늘 우리가 이 땅에 오시는 예수님을 만날 수 있는 장소는 어디일까요? 아픔의 자리, 눈물의 자리, 아우성 소리가 들려오는 자리가 아닐까요? 지금 우리는 누구 곁에 다가서고 있습니까? 높은 자리를 탐하는 이들은 자기들에게 높은 자리를 줄 수 있는 이들 곁에 다가서려 합니다. 그러나 주님을 기다리는 이들은 그러면 안 됩니다. 세상에서 지극히 작은 자 하나의 모습으로 오시는 주님은 저 낮은 곳에서 우리를 기다리고 계십니다. 하나님을 경외하는 사람 요셉은 가장 취약한 상황에 처했던 마리아를 감싸 안았습니다. 그래서 마리아를 아내로 맞아들였고, 아기가 태어날 때까지 잠자리를 같이하지 않았습니다. 아기가 태어나자 그 이름을 예수라 하였습니다. 15절에 나오는 "예수라고 하여라"라는 명령과 18절에 나오는 "예수라고 하였다"라는 실행이 서로 상응하고 있습니다. 누가복음에서는 "보십시오, 나는 주님의 여종입니다. 당신의 말씀대로 이루어지기를 빕니다"(눅 1:38)하고 간구했던 마리아가 신앙의 모범으로 제시되고 있지만, 마태복음에서는 요셉이 순종의 모본입니다. 가장 취약한 자리에 선 사람을 사랑으로 감싸 안는 외투와 같은 사람이 절실히 필요한 때입니다. 예수는 그런 마음을 품고 사는 사람을 통해 이 땅에 오고 계십니다. 우리 가정과 교회의 품이 커져서 상처 입은 사람들, 고통 받는 이들을 넉넉히 품어 안을 수 있기를 기원합니다. 아멘.

(2016. 12. 18. 대림절 제3주)

생기를 불어넣는 이슬처럼

사 26:16-19

¹⁶그러나 주님, 주님께서 그들을 징계하실 때에, 주님의 백성이 환난 가운데서 주님을 간절히 찾았습니다. 그들이 간절히 주님께 기도하였습니다. ¹⁷마치 임신한 여인이 해산할 때가 닥쳐와서, 고통 때문에 몸부림 치며 소리 지르듯이, 주님, 우리도 주님 앞에서 그렇게 괴로워하였습니다. ¹⁸우리가 임신하여 산고를 치렀어도, 아무것도 낳지 못하였습니다. 우리는 이 땅에 구원을 베풀지 못하였고, 이 땅에서 살 주민을 낳지도 못하였습니다. ¹⁹그러나 주님의 백성들 가운데서 죽은 사람들이 다시 살아날 것이며, 그들의 시체가 다시 일어날 것입니다. 무덤 속에서 잠자던 사람들이 깨어나서, 즐겁게 소리 칠 것입니다. 주님의 이슬은 생기를 불어넣는 이슬이므로, 이슬을 머금은 땅이 오래 전에 죽은 사람들을 다시 내놓을 것입니다. 땅이 죽은 자들을 다시 내놓을 것입니다.

삶의 터전이 흔들릴 때

어두운 세상에 빛으로 오시는 주님의 은총이 우리 가운데 임하시기를 빕니다. 하루하루 살얼음판 위를 걷는 것처럼 조심스러운 나날입니다. 이러한 상황에 어지간히 적응이 되었지만, 한 주간 내내 3단계로 격상이 되면 어떻게 예배를 드려야 할지 고민이 많았습니다. 그렇기에 이렇게라도 예배를 드릴 수 있어 참 기쁩니다. 우리 가운데 어느 누구도 경험해보지 못한 현실을 겪으면서 악조건 속에서도 끈질기게 살아가는 이들이 떠올랐습니다. 고산지대에 사는 사람들, 혹한의 땅에 사는 사람들, 척박한 광야에서 살아가는 사람들, 절망의 벼랑 끝에 서 있지만 여전히 희망의 노래를 부르는 이들, 무엇보다 이 혹한의 추위 속에서 야외에 설치된 임시진료소에서 온종일 수고하시는 분들, 이들은 삶이 얼마나 장엄한 것인지를 보여주는 징표로 우뚝 서 있습니다.

시절이 어렵기에 우리는 더욱 온 세상을 다스리시는 하나님의 은혜를 청하지 않을 수 없습니다. 수렁에 빠져드는 자를 건져 반석 위에 세우시는 하나님, 지붕 위의 외로운 새 한 마리(시 102:7)와 같은 처지에 빠진 이들을 지켜주시는 하나님, 땅의 기초가 송두리째 흔들릴 때(시 82:5) 굳건히 붙들어주시는 하나님이 우리와 함께 계십니다. 이사야 선지자는 하나님의 뜻을 등지고 살아가는 이들을 준엄하게 꾸짖다가도, 외세의 침략 속에서 어찌할 바를 몰라 당황하는 백성들을 위로하시는 하나님의 사랑을 일깨워주려고 노력했습니다. 그는 두려움에 짓눌려 숨소리조차 내지 못하고 있던 사람들이 기쁨과 감사의 노래를 부를 날이 도래할 것이라고 예고했습니다.

> 우리의 성은 견고하다. 주님께서 친히 성벽과 방어벽이 되셔서 우리를 구원하셨다. 성문들을 열어라. 믿음을 지키는 의로운 나라가 들어오게 하여라(사 26:1-2).

아직 실현되지 않는 미래의 일이지만 마치 이미 일어난 일인 것처럼 말하고 있습니다. 하나님이 하시는 일을 누가 헤아릴 수 있겠습니까? 하나님이 하시는 일을 깊이 궁구한 히브리의 지혜자들의 고백은 한결같습니다.

> 우리가 측량할 수 없는 큰일을 하시며, 우리가 헤아릴 수 없는 기이한 일을 행하시는 분이시다. 하나님이 내 곁을 지나가신다 해도 볼 수 없으며, 내 앞에서 걸으신다 해도 알 수 없다(욥 9:10-11).

> 주님의 길은 바다에도 있고, 주님의 길은 큰 바다에도 있지만, 아무도 주님의 발자취를 헤아릴 수 없습니다(시 77:19).

하나님은 손이 많으십니다. 하나님은 우리가 생각지도 못한 방법으로 역사를 새롭게 하십니다. 우리는 교만한 자들이 사는 견고한 성을 허무시는 하나님, 의로운 사람의 길을 평탄하게 하시는 하나님을 믿습니다(사 26:5, 7). 믿음 안에서 산다는 것은 자기의 가능성이 아니라 하나님의 이런 가능성을 신뢰하고 사는 것입니다. 바울 사도도 일찍이 그리스도라는 보화를 내면에 모신 이들이 얼마나 당당하게 사는지를 이렇게 밝혔습니다.

우리는 사방으로 죄어들어도 움츠러들지 않으며, 답답한 일을 당해도 낙심하지 않으며, 박해를 당해도 버림받지 않으며, 거꾸러뜨림을 당해도 망하지 않습니다(고후 4:8-9).

산고를 치러도

이런 믿음의 고백이 우리에게 있는지요? 가장 어두운 시간에 이사야는 하나님으로부터 시작되는 희망을 노래했습니다. 히브리서는 믿음이란 바라는 것들을 실현하는 것이요, 눈에 보이지 않는 것을 꿰뚫어 보는 것(히 11:1)이라고 가르칩니다. 종말론적 미래를 그리며 오늘을 의미 있게 살아가는 것이 믿음이라는 말입니다. 철학자 비트겐슈타인은 "현재를 좇는 자는 언젠가 현재에 따라잡힌다"고 말했습니다. 당면한 문제 해결에만 급급하다 보면 전망을 잃게 되고, 결국은 문제의 크기에 압도되기 쉽다는 말입니다. 그렇기에 하늘로부터 오는 빛 혹은 가능성을 붙들어야 합니다. 이사야는 하나님이 열어주시는 평화의 세계를 내다보고 있습니다. 현실은 힘 있는 자들이 그렇지 못한 사람들을 억압하고 다스리고 있지만, 하나님은 그들이 기억조차 되지 않도록 만드실 것임을 확신했던 것입니다.

그렇지만 모두가 그런 확신을 공유한 것은 아니었습니다. 시련의 시간은 누구에게나 무겁습니다. 예기치 않은 일들이 찾아와 우리 삶의 우선순위를 바꿀 것을 요구할 때 우리는 당황합니다. 어쩔 줄 몰라 허둥거립니다. 시련과 고통은 우리 삶에서 불필요한 것들을 덜어내라는 요구일 때가 많지만, 평범한 사람들은 고통을 통해 전달되는 삶의 의미를 알아차리지 못합니다. 문제의 크기에 압도당한 탓입니다. 이스라엘도 마찬가지였습니다. 강대국의 침입으로 나라가 존망의 위기 앞에 놓였건만 그들은 자기들의 죄가 무엇인지 알아차리지 못했습니다. 하나님을 버리고 우상을 따라간 죄, 자기 욕망을 다 채우기 위해 다른 이들의 몫까지 독차지한 죄, 이웃들의 신음소리를 외면한 죄, 정의와 공의를 내팽개친 죄에서 돌이킬 줄 몰랐던 것입니다. 시련은 그들을 부르짖게 만들었지만, 그들을 창조적인 삶으로 이끌지는 못했습니다.

마치 임신한 여인이 해산할 때가 닥쳐와서, 고통 때문에 몸부림치며 소리 지르듯이, 주님, 우리도 주님 앞에서 그렇게 괴로워하였습니다. 우리가 임신하여 산고를 치렀어도, 아무것도 낳지 못하였습니다. 우리는 이 땅에 구원을 베풀지 못하였고, 이 땅에서 살 주민을 낳지도 못하였습니다(사 26:17-18).

얼마나 절절한 고백입니까? 산고를 치르면서도 아이를 낳지 못하는 상황은 얼마나 기가 막힙니까? 우리도 그런 건 아닌지요? 코로나19라는 전대미문의 위기에 직면하고도 정치인들은 여전히 정쟁에만 몰두하고, 언론은 그러한 갈등을 증폭하는 일에만 열중하고, 종교인들은 냉소와 비아냥과 혐오 발언을 일삼습니다. 취약 계층들의 신음소리에 귀를 기울이지 않는 이 현실이 참담할 뿐입니다. 산업재해를 줄이기 위한 노력은 소홀히 하면서 경제 대국이라고 자화자찬하는 일은 얼마나 낯간지러운 일인지요? 우리나라가 지금 겪고 있는 이 극심한 혼란이 새로운 사회를 낳기 위한 산고이기를 바랄 뿐입니다.

함석헌 선생님은 사람을 대포알에 비유한 적이 있습니다. 혼이 살아 있는 사람은 때가 되면 폭발할 줄 안다는 것입니다. 불쌍한 사람을 보아도 일으켜 줄 마음이 일지 않고, 불의한 일을 보아도 못 본 척 외면해버리는 사람은 불발탄이 된 사람입니다. 화약이 없거나, 뇌관이 고장났기 때문입니다. 왜 그 지경이 되었을까요? 죄 혹은 욕망의 습기가 화약을 적셨기 때문입니다. 산고를 겪어도 아이를 낳지 못하는 사람, 불발탄이 되어버린 사람보다 더 딱한 사람이 있을까요?

이슬을 머금은 땅

그러나 희망이 아주 없는 것은 아닙니다. 그런 우리를 불쌍히 여기시는 분이 계시기 때문입니다. 주님의 백성 가운데서 기적이 일어납

니다. 죽은 사람들이 다시 살아나고, 무덤 속에서 잠자던 사람들이 깨어나서 소리치게 될 것입니다. 하나님의 생기가 들어가면 넘어진 사람은 일어선 사람이 되고, 무기력했던 사람은 활기를 띠게 됩니다. 이사야는 하나님의 은혜를 '생기를 불어넣는 이슬'이라는 은유를 통해 드러내려 합니다.

생기(生氣)는 '날 생'에 '기운 기' 자가 합쳐진 말입니다. 생기는 우리 속에서 일어나는 생명의 꿈틀거림입니다. 하나님의 꿈이 이집트에 있던 히브리인들 속에 들어가자 그들은 새로운 세상을 열기 위해 이집트를 떠났습니다. 에스겔이 생기를 향해 대언하자 해골들이 맞춰져 하늘 군대를 이루었습니다. 갈릴리의 어부들은 예수님께서 "나를 따라오너라. 내가 너희를 사람을 낚는 어부가 되게 하겠다"(막 1:17) 하시자 배와 그물을 버려두고 예수님을 따랐습니다. 생기가 그들을 일어선 사람이 되게 했습니다. 그래서 저는 생기란 '날 생'에 '일어날 기'가 합쳐진 말(生起)과 연결된다고 생각합니다. 하나님은 생기를 불어넣으시는 분입니다. 생기라고 번역된 히브리어 오라(owrah)는 허브(herb)를 뜻하기도 하지만 주로 '빛' 혹은 '기쁨과 행복의 빛'이라는 뜻으로 사용되곤 합니다. 하나님은 절망의 어둠 속에 유폐된 사람들 속에 기쁨의 빛을 불어 넣으시어 일어서게 하십니다.

이사야는 앞서도 말씀드린 것처럼 생기라는 말과 '이슬'을 연결시키고 있습니다. 이슬은 보통 덧없음을 나타낼 때 즐겨 사용하는 이미지입니다. 햇살이 비치면 스러지기 때문입니다. 그러나 광야를 배경으로 살았던 이스라엘 사람들은 이슬이 얼마나 소중한지를 알았습니다. 욥은 자기 생의 아름다운 순간을 돌아보며 이렇게 말합니다. "나는, 뿌리가 물가로 뻗은 나무와 같고, 이슬을 머금은 나무와 같다"(욥 29:19). 욥은 또한 자기가 사람들에게 말을 하면 그 말이 "그들 위에 이슬처럼 젖어들었다"(욥 29:22)라고 말했습니다. 시편 시인은 화목한 가정의 아름다움을 "헤르몬의 이슬이 시온산 위에 내림과 같구나"(시 133:3)라고 노래했습니다. 척박한 땅에 살아본 이들은 압니다. 이슬조차 은혜라는 사실을. 이슬이 곧 생기입니다. 대박을 바라는 이들의 마음에는 차지 않을지 몰라도 하나님의 은혜는 그렇게 소박하지만 아름답게 주어집니다.

'생기를 주는 이슬'이라는 고백은 하나님의 은혜를 나타내기 위한 말이지만, 우리에게 주어진 소명이기도 합니다. 하나님을 믿는 이들은 주변 사람들에게 생기를 불어넣어야 합니다. 메마른 땅을 종일 걸어가느라 목이 바짝바짝 말라버린 이들에게 이슬처럼 다가가야 합니다. 큰일을 하라는 말이 아닙니다. 아주 작은 실천이라도 시작하십시오. 학철부어(涸轍鮒魚)라는 고사가 있습니다. 수레바퀴 자국으로 움푹 패인 곳에 붕어 한 마리가 있는 격이라는 말입니다. 몹시 급박한 상황입니다. 붕어에게 필요한 것은 한 바가지의 물이지 황하가 아닙니다.

생기를 주는 이슬로 오신 주님

예수님이야말로 이 세상에 '생기를 주는 이슬'로 오셨습니다. 학철부어 신세인 사람들에게 다가가 마르지 않는 샘이 되어 주셨고, 설 땅이 되어 주셨습니다. 사람들 속에 생기를 불어넣으셨고, 그들을 일으켜 세워 하나님 나라의 일꾼으로 삼으셨습니다. 병든 사람, 귀신들린 사람, 삶의 무게에 짓눌렸던 사람들이 예수님과 만나 새로운 세상을 꿈꾸는 이들이 되었습니다. 예수님의 생기로 인해 그들이 꿈틀거리자 폭력을 기반으로 하던 로마제국이 흔들렸습니다. 예수님은 소유를 통해 세상을 섬기지 않으셨습니다. 오로지 당신 자신을 선물로 내주셨고, 하나님 나라의 꿈을 사람들 속에 심어주셨을 뿐입니다.

주님은 이미 이 땅에 오셨고 또 지금 우리를 통해 이 땅에 오고 계십니다. 우리 자신의 마음과 손과 발을 주님께 드릴 때 주님의 꿈이 이 땅에서 싹틀 것입니다. 며칠 전부터 〈주님 마음 내게 주소서〉라는 찬양이 자꾸 떠오릅니다.

예수님과 더불어 아름다운 세상의 꿈을 이루기 위해 해산의 수고를 다할 수 있으면 좋겠습니다. 산고를 치르고도 아무것도 낳지 못한 어리석은 삶에서 이제는 벗어나야 합니다. 우리가 주님의 꿈입니다. 어둠이 지극한 이때 빛으로 오시는 주님의 사랑이 우리를 충만하게 채워주시기를 기원합니다. 아멘.

(2020. 12. 20. 대림절 제4주)

고통의 이웃과
마주하는 용기

사나운 영의 숨소리

요 1:19-28

[19]유대 사람들이 예루살렘에서 제사장들과 레위 지파 사람들을 요한에게 보내어서 "당신은 누구요?" 하고 물어보게 하였다. 그 때에 요한의 증언은 이러하였다. [20]그는 거절하지 않고 고백하였다. "나는 그리스도가 아니오" 하고 그는 고백하였다. [21]그들이 다시 요한에게 물었다. "그러면 당신은 누구란 말이오? 엘리야요?" 요한은 "아니오" 하고 대답하였다. "당신은 그 예언자요?" 하고 그들이 물으니, 요한은 "아니오" 하고 대답하였다. [22]그래서 그들이 말하였다. "그러면, 당신은 누구란 말이오? 우리를 보낸 사람들에게 대답할 말을 좀 해주시오. 당신은 자신을 무엇이라고 말하시오?" [23]요한이 대답하였다. "예언자 이사야가 말한 대로, 나는 '광야에서 외치는 이의 소리'요. '너희는 주님의 길을 곧게 하여라' 하고 말이오" [24]그들은 바리새파 사람들이 보낸 사람들이었다. [25]그들이 또 요한에게 물었다. "당신이 그리스도도 아니고, 엘리야도 아니고, 그 예언자도

아니면, 어찌하여 세례를 주시오?" [26]요한이 대답하였다. "나는 물로 세례를 주오. 그런데 여러분 가운데 여러분이 알지 못하는 이가 한 분 서 계시오. [27]그는 내 뒤에 오시는 분이지만, 나는 그분의 신발 끈을 풀 만한 자격도 없소" [28]이것은 요한이 세례를 주던 요단강 건너편 베다니에서 일어난 일이다.

우마야드 모스크

주님의 은총과 평화가 우리 가운데 함께하시기를 빕니다. 대림절 둘째 주일인 오늘, 주님이 오실 길을 예비했던 세례자 요한을 통해 주님을 기다리는 이들이 어떤 마음으로 살아야 할지를 살펴보려 합니다. 여러 해 전 시리아에 며칠 다녀온 적이 있습니다. 지금은 IS의 근거지로 알려지고 있어 세계인의 이목을 집중시키고 있는 나라입니다. 구 다마스쿠스 거리에 있는 숙소에 머물면서 바울이 걸었던 '곧은 길'이며, 하늘의 빛과 만나 앞을 보지 못하던 그를 찾아와 안수함으로 눈을 뜨게 했던 아나니아의 집을 둘러볼 수 있었습니다. 회당에서 복음을 전하던 그를 죽이려고 유대인들이 밤낮으로 성문을 지키고 있음을 알고 광주리를 타고 성 밖으로 탈출했던 장소도 보았습니다. 그런데 다마스쿠스에서 제일 인상적이었던 것은 우마야드 모스크(Umayyad Mosque)였습니다. 그 건축물의 규모나 화려함도 대단했지만 모스크 안에 있는 돔형의 작은 예배당은 우리 의식의 허를 찔렀습니다. 고린도식 기둥 사이에 있는 그 작은 건물은 '세례자 요한 머리 무덤 교회'였습니다. 요르단의 마케루스 산성에 갇혀 있다가 참수된 요한의 머리는 시리아 총독이 주재하고 있던 다마스쿠스로 보내져 그곳의 지하 납골당에 묻혔던 것입니다.

애초에 그곳은 고대 시리아인들이 비를 주관하고 또 땅을 비옥하게 한다 하여 최고신으로 모셨던 '하다드'의 신전이 있던 곳이었습니다. 그러다가 시리아가 로마제국의 지배하에 있을 때 로마는 그 신전 터에 주피터 신전을 세웠고, 동로마 시대에는 그곳에 '세례자 요한 머리 무덤 교회'를 세웠습니다. 그러던 중 시리아가 이슬람 세계에 편입되자 사람들은 그곳에 거대한 모스크를 세웠습니다. 그들이 '세례자 요한 머리 무덤 교회'를 헐지 않은 것은 무슬림들도 세례자 요한을 위대한 선지자로 여기기 때문이었습니다. 인간 세계의 변전에 따라 한 장소의 의미가 그렇게 변한다는 사실이 참 묘한 느낌을 줍니다. '세례자 요한 머리 무덤 교회'를 둘러보는 동안 마음이 참 착잡했습니다. 죽음조차도 뒤흔들 수 없는 그의 자유혼이 처절하게 되새겨졌기 때문입니다. 초록색 조명이 은은하게 비치고 있는 그곳에서 '나는 광야에서 외치는 자의 소리'라고 외쳤던 그의 목소리가 우렁우렁 들려오는 것 같았습니다.

요한의 길, 예수의 길

세례자 요한은 요단강 인근의 광야에 머물면서 찾아오는 사람들을 만났습니다. 가진 것이 없었기에 그는 거침없는 언사로 성전 체제와 권력자들의 불의와 위선을 폭로했습니다. 그는 다정한 사람은 아닙니다. 그에게 들큰한 위로를 기대하기 어렵습니다. 그가 세례를 받으러 나온 바리새파 사람들과 사두개파 사람들을 보고 뭐라 했는지 아시지요? "독사의 자식들아, 누가 너희에게 닥쳐올 징벌을 피하라고 일러주더냐? 회개에 알맞은 열매를 맺어라"(마 3:7a -8). 사회 지도층에 속한 그들의 비위를 맞추려는 생각이 아예 없었던 것입니다. 그는 섣부른 선민의식에 안주하고 있는 이들을 향해 "너희는 속으로 주제넘게 '아브라함이 우리 조상이다' 하고 말할 생각을 하지 말아라. 내가 너희에게 말한다. 하나님께서는 이 돌들로도 아브라함의 자손을 만드실 수 있다"(마 3:9)고 말했습니다. 내로라하는 자부심이 얼마나 허망한 것인지 그는 에두르는 법 없이 단호하게 말했습니다. '무엇을 해야 하냐?'고 묻는 이들에게 그는 "속옷을 두 벌 가진 사람은 없는 사람에게 나누어 주고 먹을 것을 가진 사람도 그렇게 하여라." 세리들에게는 "너희에게 정해 준 것보다 더 받지 말아라" 했고, 군인들에게는 "아무에게도 협박하여 억지로 빼앗거나, 거짓 고소를 하여 빼앗거나, 속여서 빼앗지 말고, 너희의 봉급으로 만족하게 여겨라" 하고 말했습니다. 정말 단순합니다. 참 삶은 복잡한 신학 이론을 필요로 하지 않습니다. 누군가의 아픔에 공감하고, 할 수 있는 한 그들에게 필요한 것

사나운 영의 숨소리

을 주려 하고, 다른 이들의 살 권리를 침해하지 않으려고 늘 마음 쓰며 살면 됩니다.

세례자 요한과 예수님은 조금 다릅니다. 세례자 요한의 활동무대가 광야였다면 예수님의 활동무대는 사람들이 살고 있는 구체적인 삶의 현장이었습니다. 요한은 자기를 찾아오는 사람들을 만났습니다. 예수님은 찾아오는 사람은 물론이고 사람들 속에 파고들어 하나님 나라를 전하셨습니다. 예수님의 하나님 나라 비유는 일상에 근거한 것이 대부분입니다. 밭에 씨를 뿌리는 농부, 바다에서 건져 올린 물고기를 고르는 어부들, 밀가루 반죽 속에 누룩을 넣는 여인, 진주를 사러 다니는 상인, 양을 치는 목자 등이 그러합니다. 일상의 삶을 떠난 하나님 나라 이야기는 공허하기 이를 데 없습니다. 일상 속에서 미시적으로 작동하는 권력관계를 예수님은 꿰뚫어 보고 계셨습니다. 의인과 죄인, 거룩함과 속됨, 유대인과 이방인을 나누고, 여자를 차별하는 세상이 지양되지 않는 한 새로운 세상은 열릴 수 없음을 아셨기에 주님은 그 두 세계 사이를 오가면서 불통하던 이들이 만나도록 하셨습니다.

세례자 요한의 선포는 옛 세계를 해체하는 데 기여했습니다. 그는 도끼가 이미 나무 뿌리에 놓였다고 말함으로써 폭력과 힘의 세계가 끝나가고 있음을 증언했습니다. 그에 비해 예수님의 선포는 새로운 세상을 만드는 데 집중했습니다. 주님은 하나님의 뜻을 행하는 이들이야말로 내 어머니요 내 형제요 자매라고 말씀하심으로 핏줄을 넘어선 사랑의 공동체의 가능성을 보여주셨습니다. 예수님은 여자가 낮은 사람 가운데 세례자 요한보다 나은 사람이 없다고 말씀하심으로써 그가 얼마나 위대한 영혼인지를 공적으로 인정하셨습니다. 하지만 하나님 나라에서는 가장 작은 자라도 그보다 크다고 말씀하셨습니다. 이해하기 어려운 말입니다. 저는 그 말을 세례자 요한이 옛 세계와 새로운 세계의 경계선에 서 있는 사람이라는 뜻으로 받아들입니다.

세례자 요한의 활동은 회개로의 부름과 세례에 집중되었다면 예수님의 활동은 하나님 나라 선포와 아울러 병자들과 귀신 들린 자들의 회복에 집중되었습니다. 세례자 요한이 사람들과 거리를 둔 채 마땅히 가야 할 길을 가리켜 보이는 사람이었다면 예수님은 직접 사람들 속에 들어가서 길을 만드신 분이라 할 수 있습니다. 더러움에도 손을 대야 했고, 귀신과 맞서기도 했고, 사람들의 노골적인 적대감에 직면하기도 했습니다. 하지만 주님은 그 일을 피하려 하지 않았습니다.

하늘 땅 사이를 달리는 바람 소리

유대 사람들이 예루살렘에서 제사장들과 레위 지파 사람들을 요한에게 보내서 물었습니다. "당신은 누구요?" 요한은 그 질문의 뜻을 알아차렸습니다. 그대가 메시아냐는 질문이었습니다. 그는 단호하게 말합니다. "나는 그리스도가 아니오." 파견된 이들은 다시 "그러면, 당신은 누구란 말이오, 엘리야요?" "아니오." "당신은 그 예언자요?" "아니오." 여기서 "그 예언자냐"라는 질문은 신명기 18장 15절과 연관된 것입니다. 모세는 탈출 공동체를 향해 하나님께서 "나와 같은 예언자 한 사람을 일으켜 세워 주실" 것이라고 말했습니다. 그러니까 '그 예언자'는 모세와 같은 위대한 사람을 뜻하는 말입니다. 다급해진 사람들이 자기들을 파견한 이들에게 답할 말을 좀 해달라고 하자 요한은 이사야의 말을 인용하여 "나는 광야에서 외치는 이의 소리"라고 말합니다. '소리'라는 게 대체 뭘까요? 나는 그것을 함석헌 선생의 시를 통해 깨달았습니다.

나는 빈 들에 외치는 소리

아니 건드리는 것이 없고

못 들어가는 틈사리가 없고

간 데마다 부닥쳐 싸워

이겨 울고 져서 우는

하늘 땅 사이를 달리는 바람 소리.

어디서 오며 어디로 감 몰라

우두컨 서는 인생들이 늘 맘에 차지 않아

참과 거짓 가르기 싫어,

뒤범벅을 해 굴리는 세상이 언제나 미워,

흔들고 또 흔들고 부르고 또 부르며

가는 소리 하나 들으려다

종시 큰 소리를 내고야 마는

허공을 뒤흔드는 사나운 영의 숨소리
_ 〈나는 빈 들에 외치는 소리〉 부분

소리는 느른한 우리의 일상을 뒤흔듭니다. 세례자 요한은 하늘과 땅 사이를 달리는 바람 소리와 같습니다. 참과 거짓 사이에서 선택하지 못한 채 사는 우리를 찾아와 흔들고 또 흔들고 부르고 또 부르면서 허공을 뒤흔드는 사나운 영의 숨소리입니다. 그렇습니다. 그는 하나님의 숨소리입니다. 그 소리는 영원을 일깨우는 소리입니다. 이웃들의 아픔에 반응할 줄 아는 사람이 되라는 부름입니다. 이런 소리가 잦아들 때 세상은 어두워집니다. 지금도 광야와 같은 세상 도처에서 하늘의 소리를 내는 이들이 있습니다. 그들이 바로 세상의 희망입니다.

길을 곧게 한다는 것

바리새파 사람들은 그리스도도, 엘리야도, 그 예언자도 아닌 사람이 왜 세례를 주냐고 묻습니다. 자격이 없다는 말입니다. 그러자 세례자 요한은 이렇게 대답합니다. "나는 물로 세례를 주오. 그런데 여러분 가운데 여러분이 알지 못하는 이가 한 분 서 계시오. 그는 내 뒤에 오시는 분이지만, 나는 그분의 신발 끈을 풀 만한 자격도 없소"(요 1:26-27). 물론 이것은 '왜?'라는 질문에 대한 답은 아닙니다. 들을 생각이 없는 이들에게는 아무 말도 들리지 않는 법입니다. 그래서 요한은 증언을 계속한 것입니다. "여러분이 알지 못하는 이가 한 분 서 계시오"라는 말이 참 강력합니다. 우리도 혹시 우리 가운데 계신 주님을 알아보지 못하는 것은 아닌가 싶습니다.

요한은 자기 역할을 '주님의 길을 곧게 하는 것'으로 이해했습니다. 이 역할은 지금의 우리에게도 주어진 것입니다. 어떻게 해야 할까요? 며칠 전 우리는 페이스북의 창업자인 마크 저커버그와 그의 아내 프리실라 챈이 딸 맥스의 탄생을 기뻐하며 자기들이 보유하고 있는 페이스북의 지분 99%를 기부한다는 소식에 접했습니다. 돈으로 환산하면 약 52조 원이 된다고 하더군요. 그는 딸에게 보내는 편지 형식의 글에서 자기 부부가 그런 선택을 할 수밖에 없는 이유를 밝히고 있습니다. "맥스야, 우리는 너를 사랑하며, 너와 모든 어린이에게 보다

나은 세상을 남겨주기 위한 엄청난 책임감을 느끼고 있다. … 네가 우리에게 줬던 것과 같은 사랑과 희망, 기쁨으로 가득한 삶을 살기 바라며 네가 이 세상에 무엇을 가져다줄지 어서 보고 싶구나." 그는 어른들은 다음 세대들이 살아갈 세상을 좀 더 좋게 만들어야 할 도덕적 책임이 있다면서, 그런데도 어른들은 자기들이 가진 자원을 가장 큰 기회와 다음 세대가 직면할 문제에 집중하지 않고 있다고 말했습니다.

전쟁, 기아, 질병, 불평등의 심화, 기후 변화, 식량 위기 문제야말로 우리 시대가 풀어가야 할 가장 중요한 문제일 겁니다. 주님 오시기를 기다리는 이들은 바로 이런 문제를 풀기 위해 노력해야 합니다. 저는 마크 저커버그와 프리실라 챈이 보여준 사회적 실천이야말로 주님이 오실 길을 닦는 일이라고 생각합니다. 다들 살기 어렵다고 말합니다. 제 앞가림하기에 바빠서 공적인 일에 무관심한 이들이 많습니다. 엔에이치(NH)투자증권 100세시대연구소가 우리나라의 중위소득에 해당되는 이들을 대상으로 설문조사를 하고 그 연구 결과를 "2016 대한민국 중산층 보고서"를 통해 발표했습니다. 우리 사회의 중산층의 모습은 이러합니다.

월 374만 원을 번다. 102제곱미터(31평)짜리 집 한 채와 중형차 한 대가 있다. 집 장만하느라 생긴 빚 빼고 재산은 2억3천만 원이다. 6천 원짜리 점심을 먹고, 하루 8.2시간 일한다. 가족과 보내는 시간은 하루 1시간 40분이다. 취미 활동은 한 달에 한 번 정도다. 따로 모은 돈은 거의 없고, 노후는 쥐꼬리만한 국민연금에나 기댈까 한다. 이런 내가 중산층이라고? 아닌 것 같은데….*

　중간 정도의 소득에 해당하는 이들 가운데 79.1%가 자기는 중산층 아래라고 했습니다. 사회적 불안감이 점점 심화되고 있습니다. 많은 이의 인생의 목적으로 '가정의 안녕'(40%)을 꼽고 있지만 가족과 보내는 시간은 턱없이 부족합니다. 아무리 애써 보아도 형편이 나아질 것 같지도 않습니다. 우리는 바로 이런 형편 가운데서 '주님이 오실 길을 예비하라'는 요구 앞에 서 있습니다. 저커버그처럼 할 수 없다고 하여 낙심할 이유는 없습니다.

　얼마 전 버마(미얀마)의 아웅산 수치의 말 한 마디가 제 가슴을 쳤습니다. "희망이 없다면 누군가를 도우라"(If you are hopeless, help someone). 희망은 그런 일을 통해 주어지는 선물입니다. 다른 이들을 돕기 위해 수고를 아끼지 않을 때 하나님의 희망이 유입됩니다. 조금 더 나은 세상을 만들기 위해 공적인 일에 관심을 갖고, 불의에 저항하고, 고통 받는 이들 곁에 다가설 때 우리는 비로소 하늘이 주는 자유를 맛보게 될 것입니다. 이제 우리 가운데 촛불 두 개가 타오르고 있습니다. 이제는 우리가 삶의 자리에서 촛불이 될 차례입니다. 주님의 은총이 우리와 함께하시기를 빕니다. 아멘.

(2015. 12. 6. 대림절 제2주)

---

* 「한겨레신문」, 2015년 12월 3일 2면에서 재인용.

구원의 우물에서

사 12:1-6

¹그날이 오면, 너는 이렇게 찬송할 것이다. "주님, 전에는 주님께서 나에게 진노하셨으나, 이제는 주님의 진노를 거두시고, 나를 위로하여 주시니, 주님께 감사드립니다. ²하나님은 나의 구원이시다. 나는 주님을 의지한다. 나에게 두려움 없다. 주 하나님은 나의 힘, 나의 노래, 나의 구원이시다" ³너희가 구원의 우물에서 기쁨으로 물을 길을 것이다. ⁴그날이 오면, 너희는 또 이렇게 찬송할 것이다. "주님께 감사하여라. 그의 이름을 불러라. 그가 하신 일을 만민에게 알리며, 그의 높은 이름을 선포하여라. ⁵주님께서 영광스러운 일을 하였으니, 주님을 찬송하여라. 이것을 온 세계에 알려라. ⁶시온의 주민아! 소리를 높여서 노래하여라. 너희 가운데 계시는 이스라엘의 거룩하신 분은 참으로 위대하시다."

맥베스

주님의 은총과 평화가 우리 가운데 임하시기를 빕니다. 대림절 첫 주일인 오늘 우리는 대림 촛불 하나를 밝혔습니다. 어둠이 지극한 세상이지만 밝혀진 촛불 하나만큼 세상은 환해지리라 믿기 때문입니다. 우리가 절망과 어둠의 세월에 짓눌려 마음의 빛이 꺼지면 그만큼 세상은 어두워질 뿐입니다. 어제 광화문 광장에서 1분 동안 모든 불빛을 껐다가 다시 켜는 퍼포먼스는 강력했습니다. 마치 대림절의 의미를 집단으로 재현하는 듯했습니다. 어둠의 세월일수록 싹싹하고 명랑한 기운을 모아 그 세월을 잘 건너야 합니다. 며칠 전 지인의 초대로 베르디의 오페라 〈맥베스〉를 보았습니다. 권력욕에 사로잡혀 신의와 우정을 저버리고 치달리다가 몰락의 길에 접어드는 맥베스의 이야기가 깊은 울림이 되어 다가왔습니다. 아시다시피 〈맥베스〉는 셰익스피어의 비극 작품입니다. 스코틀랜드의 장군 맥베스는 세 마녀가 전해주는 예언, 곧 왕이 될 거라는 말을 철석같이 믿고 파멸을 향해 나아가는 비극적 인물입니다. 그의 아내는 주저하는 남편을 부추겨 왕을 시해하고, 친구들을 죽이도록 만듭니다. 소프라노와 바리톤의 아리아를 듣는 동안 지금 우리 시대의 한 단면을 보는 것 같은 느낌이 들었습니다. 그러나 무엇보다 제 가슴을 울렸던 것은 맥베스의 학정으로 인해 고통받던 이들이 들고 일어나 부르는 민중들의 합창이었습니다.

배신당한 조국이 울며 그곳으로 초대한다.

형제들이여! 억압당한 자들을 구하기 위해 달리자.

신의 분노가 불경건함 위로 폭발한다.

끔찍하고 과도한 행위가 신을 화나게 한다.

민중들은 하늘의 뜻을 저버린 독재자 맥베스를 몰아내기 위해 용기를 발휘합니다. 더 이상 강포한 자의 폭력에 의해 가녀린 생명들이 스러지는 일이 없도록 하기 위해 그들은 두려움과 절망의 너울을 걷어내고 일어선 것입니다. 몸을 우뚝 일으켜 세운 백성들처럼 무서운 존재가 누구이겠습니까? 하나님이 그들 편에 서십니다. 하나님은 땅에서 벌어지는 일을 모른 체하지 않으십니다. 신을 화나게 하는 '끔찍하고 과도한 행위'란 자기 분수를 지키지 않는 이들이 저지르는 폭력을 가리킵니다. 백성들을 잘 돌보라고 위임받은 권력을 가지고 백성들을 억압하고 착취하는 데 사용하는 이들은 하나님을 대적하는 이들입니다.

제3의 기다림

대림절은 기다림의 절기입니다. 우리는 '다시 오마' 약속하셨던 주님이 이 땅의 어둠을 뚫고 빛으로 임하시기를 간절히 기다립니다. 그러나 그 기다림은 막연한 기다림, 수동적인 기다림이어서는 안 됩니다. 체코 대통령으로 재직했던 바츨라프 하벨은 기다림을 둘로 나누어 설명합니다. 하나는 고도(Godot)를 기다리는 것입니다. '고도'는 사무엘 베케트의 희곡 〈고도를 기다리며〉에 나오는 가상의 인물입니다. 이 희곡에서 블라디미르와 에스트라공은 언제 올지도 모르는 '고도'를 막연히 기다리며 권태를 다스립니다. 하벨은 공산주의 체제 가운데 살던 자기들의 처지가 그러했다고 말합니다. "자신의 내부에 희망을 갖지 못했기에 외부에서 올 구원을 갈망"* 했던 것입니다. 그들에게 고도는 무력감을 감추기 위한 가림막에 지나지 않았습니다. 다른 하나는 인내의 기다림입니다. 이것은 "억압에 굴하지 않고 진리를 말하는 저항이야말로 합당하다는 생각에서 우러나오는 기다림입니다. 인정을 받든 승리를 거두든 패배를 하든 상관이 없습니다."** 그는 이런 기다림을 반체제적 인내의 기다림이라고 말합니다. 어찌 보면 매우 숭고한 태도입니다.

그러나 우리에게는 그것과는 또 다른 하나의 기다림을 알고 있습니다. 그것은 결코 절망으로 귀착될 수 없는 기다림입니다. "어둠 속과 죽음의 그늘 아래에 앉아 있는 사람들에게 빛을 비추게 하시고, 우리의 발을 평화의 길로 인도하실"(눅 1:79) 분이 오고 계십니다. 우리의 희망은 우리의 의지나 지성으로부터 시작된 것이 아니라, 우리를 사랑하시어 우리 삶과 역사에 개입하시는 하나님으로부터 시작됩니다. 주님이 오심을 기다린다는 것은 그렇기에 막연히 좋은 날 오기를 기

---

* 바츨라프 하벨/이택광 옮김,『불가능의 예술』(경희대학교 출판문화원, 2016), 127.
** 같은 책, 127.

다리는 것도 아니고, 그저 인내하며 기다리는 것도 아니고, 하나님이 꿈꾸시는 세상의 꿈을 가슴에 품고 그 세상을 열기 위해 노력하는 것을 의미합니다. 강대국들의 틈바구니에서 시달리던 이스라엘 백성들이 간절히 기다리던 '그날'은 반드시 옵니다. 이사야는 그날이 오면 사람들은 이런 찬양을 올릴 거라고 말합니다.

주님, 전에는 주님께서 나에게 진노하셨으나, 이제는 주님의 진노를 거두시고, 나를 위로하여 주시니, 주님께 감사드립니다. 하나님은 나의 구원이시다. 나는 주님을 의지한다. 나에게 두려움 없다. 주 하나님은 나의 힘, 나의 노래, 나의 구원이시다(사 12:1-2).

주님께서 진노를 거두시는 날, 고통받던 이들을 위로하시던 날, 사람들은 감사의 찬양을 하나님께 바칠 것입니다. "주 하나님은 나의 힘, 나의 노래, 나의 구원"이라고 진실되게 고백하는 순간, 우리 속에 깃들었던 무기력증은 사라지고 하늘의 생기가 스며들 것입니다. 어둠이 지배하는 것 같은 세상살이에 지쳐 낙심할 때도 있고, 가끔은 어긋난 길로 나아가기도 하지만, 믿는 이들은 기어코 몸을 일으켜 다시 하늘빛을 따라 걷습니다. 조금 더디다고 하여 안달할 것 없습니다. 누군가를 미워하고 조롱하는 것만으로는 어둠의 세력과 싸워 이길 수 없습니다. 시절이 수상할수록 기쁨과 명랑함으로 현실을 건널 수 있어야 합니다.

지향이 분명하면

대림절기는 우리에게 너무 성급하게 희망하거나 절망하지 말고, 우리가 마땅히 가야 할 길을 내다보면서 꾸준히 걸어가라고 우리를 초대합니다. 도종환 시인의 〈화〉는 선불 맞은 짐승처럼 세상이 왜 이 모양이냐며 씩씩거리는 사람들의 마음을 조용히 다독거려줍니다.

> 욕을 차마 입 밖으로 꺼내 던지지 못하고
> 분을 못 이겨 씩씩거리며 오는데
> 들국화 한 무더기가 발을 붙잡는다
> 조금만 천천히 가면 안 되겠느냐고
> 고난을 참는 것보다
> 노여움을 참는 게 더 힘든 거라고

들국화만으로는 안 되었던지 은행잎들도 놀란 얼굴로 내려오며 앞을 막고, 저녁 종소리까지 어떻게 알고 달려오고, 낮달도 근심 어린 낮빛으로 가까이 와서 조용히 속삭입니다. "우리도 네 편이라고 지는 게 아니라고." 지향만 분명하다면 우리는 결코 지지 않습니다. 예수 그리스도의 십자가와 부활이 그 증거입니다.

매년 이맘때면 떠오르는 것이 윤동주의 〈쉽게 씌어진 시〉입니다. 그는 절망스러운 현실을 개탄하지만, 무너져내리는 마음을 애써 추스리면서 이렇게 노래합니다.

등불을 밝혀 어둠을 조금 내몰고,/시대처럼 올 아침을 기다리는 최후의 나

작다고, 초라하다고 낙심할 것 없습니다. 등불을 밝히는 순간 어둠은 조금 물러나게 마련입니다. 등불을 밝혀 든다는 것은 어느 날 도둑처럼 찾아오게 될 하나님의 시간을 기다린다는 뜻입니다. 그것을 알았기에 시인은 마지막 연에서 이렇게 노래하고 있습니다.

나는 나에게 작은 손을 내밀어/눈물과 위안으로 잡는 최초의 악수

슬픈 자기 위안이 아닙니다. 자기의 시린 손을 스스로 잡아줄 때 주님의 손길도 포개지는 법입니다. 어둠이 짙을수록 별빛은 더욱 찬란한 법입니다. 주님 안에서 걸어가는 우리가 이 세상의 외로운 영혼들의 마음을 밝히는 한 점 불빛이 될 수 있기를 빕니다. 아멘.

(2016. 11. 27. 대림절 제1주)

구원의 우물에서

나그네로 오신 주님

히 13:1-3

¹서로 사랑하기를 계속하십시오. ²나그네를 대접하기를 소홀히 하지 마십시오. 어떤 이들은 나그네를 대접하다가, 자기들도 모르는 사이에 천사들을 대접하였습니다. ³감옥에 갇혀 있는 사람들을 생각하되, 여러분도 함께 갇혀 있는 심정으로 생각하십시오. 여러분도 몸이 있는 사람이니, 학대받는 사람들을 생각해 주십시오.

사랑의 용기

어두운 세상에 빛으로 오시는 주님, 평화 없는 세상의 평화의 왕으로 오시는 주님의 은총과 빛과 평화가 교우 여러분 모두와 함께하시기를 빕니다.

대림절 네 번째 주일을 맞이한 오늘, 얘기하자면 24번째 절기인 동지를 맞이하게 되었습니다. 동지는 흔히 알려져 있는 것처럼 밤이 가장 길고, 낮이 가장 짧은 그런 어둠의 때이기도 합니다. 어둠의 극점입니다. 오늘 이후에 점점 밝음의 기운이 커져 가기 때문에 고대인들은 바로 이 기점이 되는 동지를 매우 귀중하게 여겨서 마치 죽었던 태양이 부활한 것 같은 느낌이 들기 때문에 이날을 매우 크게 경축했음을 알 수 있습니다. 그리스도의 탄생 시기인 성탄절을 기독교 역사가 이맘때로 확정하게 된 것은 바로 그런 의미도 있는 것 같습니다. 주님이 이 어두운 세상 죽음의 음습한 땅에 살고 있는 사람들에게 빛으로 오셨다는 사실을 아주 절묘하게 상징하고 있다고 그렇게 여기게 되는 것입니다.

여러분은 주님 오심을 진정으로 기다립니까? 어둠 속에 유폐된 채 살면서 주님 오심을 기다립니까? 해럴드 슈와이저라고 하는 사람이 쓴 아름다운 책이 있는데, 『기다리는 사람은 누구나 시인이 된다』라는 책입니다. 사실 그 책은 다양한 내용을 담고 있지만, 그 책을 보면서 '기다림은 감미로울 수도 있지만, 아릿하고 애틋한 것이다' 이런 느낌이 들기도 합니다. 여러분, 그런 아릿한 느낌 속에서 주님을 기다리고 계십니까?

옛사람들은 귀한 손님이 우리 집을 방문하게 되면 집을 정갈하게 청소하고 마당을 싸리비로 깨끗하게 쓸고 거기에 물을 뿌리고, 또 어떤 집에서는 은모래를 깔아서 오시는 분이 흐뭇하게 오시도록 길을 예비했다고 합니다. 이것이 기다림의 마음이라고 얘기할 수 있겠죠. 오늘 우리는 우리가 기다리고 있는 대상을 그런 정성을 가지고 정말로 기다리고 있는지 돌아볼 필요가 있겠습니다.

저는 '기다림' 하면 늘 떠오르는 분이 한 분 계십니다. 우리 교회 오래 다니신 분들은 기억나실 텐데요, 돌아가신 방현복 장로님입니다. 연세가 아주 높으신 장로님, 안양에 살고 계셨는데 제가 그 댁에 심방을 한다고 메시지를 드리면 장로님은 이른 아침부터 삼층에서부터 일 층에 이르는 계단 청소를 손수 하시고, 우리가 도착할 시간이 가까워올 때 집 앞에 나와서 두 손을 앞으로 공손히 모으시고 (차에서) 내리는 젊은 목사를 그렇게 맞아 주셨습니다. 그리고 함께 삼층집으로 올라가 목사가 자리하여 앉으면 그 앞에 무릎을 꿇고 앉으셨습니다. 불편해서 "장로님 좀 편안하게 앉으세요"라고 말씀드려야 장로님은 그때서야 편안한 그런 자세를 취하곤 하셨습니다. 제가 대접받아서 좋다는 얘기가 아니고, 우리 장로님이 그런 마음으로 사람들을 대하셨던 게 모든 사람에게 그랬는지는 알 수 없습니다만, 어쨌든 그 마음과 정성스러움이 제 마음속에 아마 일평생 지워지지 않을 기억으로 남아 있을 거라는 생각이 들곤 합니다. 그 정갈하고 존경스럽던 그 태도는 우리가 어떤 마음으로 사람들을 대해야 할는지를 가르쳐 주고 있다고 저는 그렇게 여기고 있습니다.

오늘 우리는 주님을 그런 마음으로 기다리고 있습니까? 정말 그분 오시기를 고대하면서 청소하고 또 물 뿌리고 은모래를 까는 마음으로 주님을 기다리고 있습니까? 아니면 시간의 강물에 이리저리 떠밀리면서 그저 "어 벌써 성탄절이 다가왔네" 이러고 지내는 것은 아닌지 돌이켜볼 필요가 있겠습니다. 그렇게 우리는 말씀 안에서 우리 자신을 잘 돌아봐야 합니다.

　오늘 우리가 선택한 본문은 히브리서인데요. 아시다시피 히브리서 11장은 믿음장이라고 해서 유대교 역사 특별히 성서의 역사 속에서 믿음을 따라 살았던 사람들의 아름다운 삶의 이야기가 간략하게 언급되어 있습니다. 히브리서 12장에서는 하나님을 믿는 사람들이 여러 가지 어려움을 겪을 수 있지만 그 어려움 속에서도 어떻게 자기를 지켜가야 할는지 그것이 소상하게 기록되어 있습니다. 그리고 13장은 어떻게 보면 뒤에 덧붙여 있는 내용처럼 보입니다만, 13장은 기독교인들이 어떤 마음을 품고 살아야 하는지를 가르쳐주고 있는 아주 소중한 장이라고 이야기할 수 있겠습니다. 오늘은 그 이야기를 다 할 순 없고 앞부분에 나온 3절만 가지고 이야기를 할 텐데요. 이 3절은 세 가지 혹은 네 가지의 명령어로 되어 있습니다. 그 첫 번째는 "사랑하기를 계속하십시오. 서로 사랑하기를 계속하십시오"라고 하는 말이 처음에 등장하고 있고, 두 번째는 "나그네 대접하기를 소홀히 하지 마십시오"라고 한 말이고, 세 번째는 "갇힌 사람들 혹은 학대받는 사람들을 기억하십시오"라고 하는 말입니다. 앞서도 말씀드린 것처럼 이것은 서술형으로 되어 있는 게 아니라 명령형입니다. 그러니까 금방 얘기하고 있는 그것은 기독교인들이 해도 그만이고 하지 않아도 그만인 내용이 아니라 반드시 해야만 하는 그렇게 해야만 기독교인답다고 말할 수 있는 그런 내용이라 말할 수 있겠습니다.

　"서로 사랑하기를 계속하십시오." 여기서 말하고 있는 사랑은 일반적으로 우리가 얘기하는 'love' 그러니까 감정적인 어떤 사랑을 말하지 않습니다. 헬라어를 찾아보니까 여기에 사랑하라고 얘기할 때 그 단어는 '필라델피아(*philadelphia*)로 되어 있습니다. *philadelphia*는 우리가 미국에 있는 어떤 지역 이름이기도 합니다만, '*philadelphia*'라는 게 사랑의 다른 이름이기도 합니다. 특별히 어떤 사랑을 말하냐면 'brotherly love', 즉 '형제적인 사랑'을 나타내는 말이 '*philadelphia*'입니다. 이 단어는 신앙 공동체 안에 있는 사람들을 소가 닭을 보듯 바라보지 말고 내 비위에 맞는 사람들만 사랑하지 말라는 것입니다. 그가 내 마음에 들든 들지 않든 그를 한 가족으로 삼아주신 하나님의 마음을 헤아려서 그를 형제자매의 사랑으로 돌보라고 하는 그런 뜻이라고 볼 수 있겠습니다. 여러분, 신앙 공동체 안에 있는 사람이라면 마땅히 실천해야 하는 것이 바로 *philadelphia*로서 사랑이라고 얘기할 수 있겠습니다.

우리는 사도행전을 통해서 성령의 능력 안에 있었던 초대교회가 어떤 사랑을 나누며 살았는지를 감명 깊게 알고 있습니다.

> 믿는 사람들은 모두 함께 지내며 모든 것을 공동으로 소유하였다. 그들은 재산과 소유물을 팔아서 모든 사람에게 필요한대로 나누어 주었다. 그리고 날마다 한마음으로 성전에 열심히 모이고 집집이 돌아가며 빵을 떼며 순전한 마음으로 기쁘게 음식을 먹고 하나님을 찬양하였다(행 2:44-47a).

정말 이런 일이 있었을까 이런 의구심이 드는 게 사실입니다. 왜냐

하면 우리는 경험해보지 못한 삶이기 때문에 그렇습니다. 그러나 우리가 꼭 그런 경험을 하지 못했더라도 우리도 더러 그런 경험을 할 때가 있었음을 알 수 있습니다. 성령은 우리를 갈라놓고 있었던 모든 차이를 넘어서게 만드는 능력입니다. 우리도 때때로 지극한 슬픔을 당한 사람들을 보면 그 사람의 종교나 이념이나, 또 그 사람이 가지고 있는 피부색이나 국적과 관계없이 그들의 슬픔에 동참하고자 하는 마음이 우리 속에 있습니다. 그래서 자연재해를 당한 사람들을 보면 우리는 우리가 할 수 있는 바가 무엇인지를 찾아 그들과 슬픔을 함께 나누려고 합니다. 이것은 인간의 당연한 본성처럼 보이지만 잠들

어 있었던 그 본성을 깨어나게 한 것은 저는 성령의 역사라고 그렇게 보고 있는데, 하나님은 바로 우리 속에 있는 그런 본성을 일깨워 개별적 차이를 넘어서는 일치의 기쁨을 맛보도록 해주시기도 합니다. 우리가 성령의 능력 안에 있을 때 우리는 아파하는 사람들과 함께 아파하고 기뻐하는 사람들과 허물없이 기뻐할 수 있습니다. 성령은 우리를 그처럼 하나 됨의 기쁨 속으로 인도하는 힘입니다. 성령의 마음을 개방하고 우리가 살게 될 때 우리의 영혼이 맑아졌음을 느낄 수 있습니다. 죄라고 하는 것이 '사람들을 멀어지게 하는 힘', 사회학적 용어로 얘기하자면 죄가 '소외시키는 힘'이라고 말한다면, 그에 비해서 사랑은 '하나 되게 하는 힘'이라고 말할 수 있습니다. 구원은 사랑을 통하여 옵니다. 죄를 통하여 오지 않습니다. 우리가 정말 구원받은 사람이라고 한다면 내 옆에 있었던 타자들, 타자로 여기던 사람들을 향한 사랑의 마음이 우리 속에 솟아나오기 시작해야 합니다. 그래야 우린 비로소 성령의 능력 안에 있는 사람이라고 말할 수 있겠습니다. 우리가 신앙 공동체 안에 머물고 있는 이유는 바로 그런 사랑을 실천하고 훈련 받기 위함입니다. 그럴 수 있기 위해서는 우리가 언제나 성령을 향하여 마음을 열고 지내야 합니다. 마치 돛배가 바람이 불어올 때 돛을 펼쳐야 하는 것처럼 성령의 바람이 불어올 때 돛을 펼쳐 우리가 성령이 이끄시는 대로 살아야 합니다. 바로 이것이 *philadelphia*로서 사랑을 실천하는 길입니다.

환대의 공간 열기

둘째로 기독교인들에게 요구되고 있는 사랑은 무엇입니까? 나그네 대접하기를 소홀히 하지 말라고 명령하고 있습니다. 여기에 나그네 대접이라고 번역되어 있는 이 헬라어는 'philoxenia'라는 헬라어입니다. 'philoxenia'도 'philadelphia'처럼 똑같이 'phil'이란 단어가 들어있지요. '좋아하다', '사랑하다'는 뜻입니다. philoxenia라고 하는 말을 문자적으로 번역하자면 '낯선 사람에게 친구 되어주기'라는 뜻입니다. 낯선 사람들을 따돌리고 모르는 척하고 외면하는 것이 아니라 우리를 찾아온 사람들로 여겨 그들과 친구가 되어주는 것이 'philoxenia'라고 말할 수 있겠습니다.

고대 세계에서 나그네를 맞아들이는 일은 가장 귀한 덕 가운데 하나였습니다. 호메로스가 썼던 『일리아드』라고 하는 책을 아시겠습니다만, 그 『일리아드』는 소위 전쟁의 경과를 우리에게 보여주고 있습니다. 그 전쟁이 벌어진 까닭은 이러합니다. 스파르타의 왕인 메넬라오스라고 하는 사람이 있는데, 어느 날 그는 트로이의 왕자인 파리스라고 하는 사람을 맞이합니다. 아주 귀한 손님으로 맞아들여서 메넬라오스는 파리스를 자기의 집에 영접했고 극진히 대접해 주었습니다. 그러나 메넬라오스가 잠시 자리를 비운 사이에 파리스는 메넬라오스의 아내인 헬레네가 얼마나 아름다운지를 보고 반합니다. 그래서 남편이 있는 헬레네를 유혹해서 트로이로 데리고 갑니다. 자, 바로 이것이 전쟁의 이유였습니다. 그러니까 메넬라오스는 아까 얘기했던 그

*philoxenia*를 잘 실천했어요. 낯선 사람을 지극히 환대해 주었습니다. 그러나 파리스는 그 환대를 오히려 악용함으로 *philoxenia*를 무너뜨린 사람이 되었고 이것이 전쟁을 촉발했습니다. 그래서 호메로스의『일리아드』는 바로 환대에 실패한 사람들이 전쟁을 빚어낸다는 사실을 우리에게 일깨워 보여주고 있습니다.

나그네 환대는 고대 세계 보편적 윤리였지만, 특별히 사도가 나그네 대접하기를 소홀히 하지 말라고 하는 까닭이 있습니다. 그것은 예수를 믿는 사람들 가운데 많은 이가 복음을 전파하기 위해 떠돌이가 되어 유랑설교자로 다니는 이들이 있었습니다. 마치 예수님이 제자들을 파송하셨을 때 전대나 두 벌 옷 가지고 다니지 말라고 했던 것처럼, 누군가의 호의에 의지할 수밖에 없었던 전도자들이 많았고, 그들은 따뜻하게 영접해주는 그 형제적 사랑을 기반으로 해서 설교를 할 수 있었습니다. 바울 사도도 그랬습니다. 뿐만이 아닙니다. 예수 그리스도를 믿기 때문에 자기의 공동체서 추방당하는 사람들도 있었고, 예수를 믿기 때문에 박해를 피하여 떠돌 수밖에 없는 사람들도 있었는데, 나그네가 되어 떠돈다는 것은 취약해진다는 것이고, 또 사람들의 폭력에 속절없이 노출된다는 이야기이기 때문이에요. 떠도는 사람들은 언제나 두려움을 느낄 수밖에 없었습니다. 교회는, 아니 그리스도를 믿는 사람들은 그런 나그네들을 영접해주어야 한다고 본문은 바로 그 얘기를 지금 들려주고 있는 것입니다. 우리도 때때로 낯선 곳에 가면 아무리 담대한 사람이라고 해도 쭈뼛쭈뼛할 수밖에 없습니다. 한 이틀 사흘 지나면 나름대로 익숙해져서 잘 지낼 수 있지만 처음 가는 곳에서는 우리가 취약해집니다. 그러다 우리 마음이 녹고 풀리는 것은 언제냐 하면 현지에 있는 사람들의 따뜻한 영접을 받을 때 우리의 마음속에 있는 불안이 눈 녹듯 사라지는 것을 우리가 경험합니다. 여러분, 저는 이 험악한 세상에서 낯선 사람을 여러분의 집으로 맞아들이라고 함부로 말하지 못합니다. 적어도 우리가 믿는 사람들이라면 소외된 처지에 있는 사람들이 우리 앞에 왔을 때, 그들이 환대받고 있다는 사실을 느낄 수 있도록 세심한 주의를 기울일 필요가 있다고 말씀드리고 싶은 겁니다.

나그네를 대접하다가 자기도 모르는 사이에 천사들을 대접한 사람이 있다고 오늘 본문이 말합니다. 이것은 우리에게 창세기 18장을 즉각 떠올리게 만들어 줍니다. 아브라함이 어느 날 자기 장막 앞에 있는데 문득 눈을 들어보니까 자기 앞에 세 사람이 와 있는 것을 봅니다. 처음 보는 사람들이었지만 아브라함은 그 앞으로 달려가 그 앞에 엎드려 절하면서 그들을 자기의 집으로 초대합니다. "손님들께서 저를 좋게 보시면 이 종의 곁을 그냥 지나치지 마시기 바랍니다"라고 아브라함이 그들에게 말합니다. "제가 물을 떠올 터이니 좀 씻으시구려. 이 그늘 밑에 잠시 쉬고 계시면 제가 음식을 만들어 올 터이니 이 음식을 먹고 기분을 상쾌하게 한 후에 길을 떠나시기를 바랍니다." 이렇게 말하고 있습니다. 제가 성경에서 굉장히 좋아하는 구절 가운데 하나가 바로 창세기 18장 5절 말씀입니다. "좀 잡수시고 기분이 상쾌해진 다음에 길을 떠나시기 바랍니다." 우리는 그 나그네가 하나님의 메시지를 가지고 온 천사들임을 압니다. 때때로 살다 보면 나와 모르는 어떤 사람들이 하나님의 메시지를 가지고 우리에게 올 때가 있습니다. 그가 그것을 의식하든 의식하지 않든 그 때문에 하나님의 뜻이 무엇인지를 느낄 수 있도록 만드는 사람들이 종종 있는 겁니다. 저는 그래서 18장 5절의 말씀을 마음속에 명심하고 살려고 했습니다. 하루에도 여러 사람을 만나는 것이 목사로서의 직업적 특색입니다. 우리 교인들도 만나지만 저를 찾아오는 다양한 분들을 만납니다. 그때마다 제가 마음속에 명심하는 건 뭐냐 하면 "이 종을 찾아왔으니 기분이 상쾌해진 후에 떠나십시오." 저는 그 마음으로 사람들을 대하려고 애씁니다. 늘 잘되는 것은 아니지만 그래도 그렇게 대하려고 애를 쓰고 있어요. 그것을 소망으로 품고 있다는 얘기입니다. 그때 저도 마음이 좋아지고 왔다 간 분도 기분 좋아져서 돌아가는 모습을 볼 수 있었습니다.

적대감이 넘치는 세상입니다. 자기에게 가까운 사람들에게는 친절하지만 그렇지 않은 사람들에게는 안면몰수하고 불친절하게 대하는 사람들이 참 많이 있습니다. 그런데 우리는 낯익은 사람만이 아니라 낯선 사람들에게도 친절해야 한다고 오늘 본문을 통해 배웁니다. 다소 뜬금없는 얘기처럼 들릴지 모르겠습니다만 정결한 백성들이 먹어야 할 음식과 먹지 말아야 할 음식을 상세히 규정해 놓은 것을 볼 수 있습니다. 소위 부정한 음식과 정결한 음식 얘기이죠. 그 가운데 여러분 세 종류 뭘 먹을 수 있나요? 여러 가지 먹을 수 있지만 먹지 말아야 할 음식 가운데 하나는 뭐냐 하면 맹금류들입니다. 썩은 시신 같은 거를 파먹고, 뭔가를 육식하는 그 맹금류들은 다 부정한 짐승으로 분류

되어 있습니다. 그런데 맹금류가 아닌데 부정한 짐승으로 분류되어 있는 게 하나 있습니다. 그게 뭐냐 하면 황새인데요. 새번역성서는 '고니'라고 하고, 영어로는 'stork'이라고 얘기하고 있는데, 그 고니라고 하는 새는 맹금류가 아닌데도 불구하고 불결한 새로 분류되어 있습니다. 히브리어로 황새를 뜻하는 단어가 '하시다'인데, 그 '하시다'라고 하는 그 단어는 '친절한 새'라는 뜻입니다. 그러면 여러분 이름 뜻대로 얘기하자면 황새는 정결한, 그렇죠 정결한 것이어야 합니다. 그런데 왜 부정한 것으로 취급되고 있을까요? 유대교 랍비들은 이 문제를 두고 굉장히 많이 논의를 거쳤습니다. 그러다가 랍비들이 하는 얘기가 있습니다. 황새는 자기의 동족들에게는 친절하지만 동족이 아닌 다른 새들에게는 잔인한 새라는 거예요. 그 때문에 부정하다는 거예요. 사랑이 자기 동류의 한계 속에 머무는 것은 부정한 것이라는 거예요. 이게 우리에게 시사해주는 바가 아주 많이 있습니다. 나에게 잘해주는 사람만 내가 친절하게 대한다고 한다면 그 사람은 이방인의 사람과 다를 바가 없다, 이것이 성경이 우리에게 가르쳐 주는 바입니다. 나그네로 상징되는 약자들에게 설 땅을 내어주고 그들이 자기답게 살 수 있도록 도와주는 것, 바로 그것이 거룩한 삶임을 우리가 알아야 합니다.

다음에 사도는 갇힌 자들과 학대받는 사람들을 외면하지 말라고 가르칩니다. 공동번역은 이 대목을 굉장히 적극적으로 번역을 해놨는데 "감옥에 갇혀 있는 사람들이 있다면 여러분도 함께 갇혀 있는 심정으로 그들을 기억하십시오. 학대받는 사람이 있다면 여러분들도 같은 학대를 받는 심정으로 그들을 기억하십시오"라고 번역해놓고 있습니다. '함께 갇혀 있는 심정으로', '같은 학대를 받고 있는 심정으로'라는 말이 크게 강조되어 있습니다. 이것도 초대교회의 상황과 무관하지 않습니다. 그리스도를 믿고 따르다가 모욕과 환난을 당하고 감옥에 갇힌 사람들이 많이 있었습니다. 소유를 다 빼앗긴 사람들도 많았습니다. 그들은 복음의 대의를 따라 살다가 고난을 마다하지 않은 사람들입니다. 사도는 바로 그러한 사람들을 외면하지 않을 때, 그들은 낙심하지 않고 그리스도의 길을 검질기게 걸어갈 수 있다고 지금 말하고 있는 것입니다.

바울 사도는 교회를 가리켜서 그리스도의 몸이라고 얘기했죠. 몸의 한 지체가 아프면 몸 전체가 아프지 않더냐고 말하지요? 히브리서 기자는 그리스도의 교회를 가리켜서 그리스도의 몸이라고 말하진 않지만 뭐라고 말하냐면 '하나님의 집안 식구'라는 말을 쓰고 있습니다. 여러분 우리는 하나님의 집안 식구가 된 사람들입니다, 내 식구 가운데 누군가 감옥에 갇혀 있으면 우리 마음은 편할 수가 없습니다. 가족들이 학대를 받고 있으면 마음이 편안할 수 없습니다. 1960~1970년대, 1980년대 민주화 운동을 하다가 감옥에 갇힌 아들을 둔 어머니들 얘기 들어보셨죠? 그 어머니들은 겨울이 되면 그 추운 감옥에서 겨울을 나고 있는 아들딸들 생각에 불기 없는 방, 냉방에서 겨울을 함께 난다는 얘기 듣지 않습니까? 그게 어머니의 사랑 아닙니까? 아들들이, 딸들이 그 어머니의 사랑을 알았을 때 그 사랑은 그 추위를 견디도록 해주는 온기였을 거고, 그들의 흔들리기 쉬운 마음을 지켜주는

나그네로 오신 주님

방패였지 않겠습니까? 내가 홀로가 아니라는 사실을 그들은 알고 있으니 말입니다. 여러분, 많은 사람이 외로움을 느낍니다. 왜 외로움을 느끼냐면 사회적인 연결고리가 끊어졌다고 느끼기 때문에 그렇습니다. 우리가 살고 있는 세상에서 그런 연결고리가 끊어진 사람들이 많습니다. 그런데 믿는 사람들이 해야 할 일은 연결고리가 다 끊어진 것처럼 보이는 사람들을 같은 심정이 되어 그들 곁에 다가가 그들에게 공감해주고 그들과 연대해야 한다는 겁니다. 이게 성도들의 삶이라고 그렇게 얘기하고 있는 것입니다. 연대와 공감은 외로움에 내몰린 사람들을 지켜주는 방패가 됩니다.

며칠 전 우리는 매스컴 보도를 통해 소위 장발장 부자 이야기를 접했습니다. 30대 젊은 가장이 어린 아들을 데리고 마트에 들어갔다가 배고픈 나머지 사과와 우유를 훔쳤습니다. CCTV에 그게 보였기 때문에 주인은 경찰을 불렀고, 그래서 그를 추궁했습니다. 경찰은 그에게 자초지종을 들었습니다. 그는 당뇨병과 그리고 갑상선질환으로 실직을 했고, 6개월 전에 실직해서 너무나 가난하게 지내고 있었고, 식사는 아침밥도 굶은 상태라는 사실을 알았습니다. 그 얘기를 들은 이 경찰관의 마음이 찡해졌습니다. 아직도 굶주리고 있는 사람이 우리 가운데 있다는 게 너무 가슴이 아팠습니다. 그래서 경찰은 그 아버지와 어린아이를 데리고 식당으로 갔고, 국밥을 사 먹였습니다. 허겁지겁 국밥을 먹고 있을 때 식당의 문이 열리면서 어떤 사람이 들어와 그들의 탁자 위에 봉투 하나를 놓고 갔지요. 우린 그 모습을 봤습니다. 거기에 20만 원이 들어있었습니다. 그 이야기를 들은 사람이 전혀 무관한 사람이었지만 와서 그들을 위해 돈을 놓고 갔던 겁니다. 세상에는 정말 이상한 사람도 많지만 따뜻한 사람도 있다는 사실을 보여주는 징조가 된 사람들입니다.

'한 사람'에 집중하라

그들 부자는 그래도 사람들의 주목을 받았기에 이런저런 도움을 받을 수 있었습니다. 그러나 사람들의 시선이 미치지 않는 곳에서 정말 어둠 속에 살고 있는 이웃들이 많이 있는 게 사실입니다. 이 냉랭한 세상에서 숨죽인 채 절망의 벼랑 끝에 서서 사는 사람들이 많은데 우리는 그들을 마음속으로 안타까워하고 그들을 돕고 싶은 마음이 있는데 우리는 늘 뭐라고 말하냐면 "어떻게 시작해야 될지 모르겠다." 그들을 어떻게 찾아내야 할지 모르겠다고 우리는 말하면서 아무것도 하지 않고 있습니다. 자신은 어떻게 할지 모르는 게 아니라 그들과 연루되기를 꺼리는 무의식이 작동하고 있기 때문에 그렇습니다. 왜 가난하고 고통 받는 사람들을 보면 우리가 마음이 불편해집니다. 그리고 그 사람들과 연루될 것을 꺼리게 됩니다. 우리의 안온한 삶이 뒤흔들릴 것을 두려워하기 때문에 그렇습니다. 그래서 사람들은 애써 그런 현실을 외면하며 삽니다. 하지만 우리가 정녕 하나님을 믿는 사람들이라고 한다면 오늘 옥에 갇힌 사람들로 상징되는 사회적 약자들 학대받는 사람들 그들이 잘못을 저질렀건 그렇지 않건 우리 사회에서 고통 속에 있는 사람들을 외면하는 순간 우리는 그리스도를 외면한다는 사실을 알아차려려야만 합니다.

아름다운 세상을 이루기 위해 애쓰는 사람들은 우리에게 이렇게 권고합니다. 세상에 문제가 많다고 우리는 얘기하며 아무것도 안 하고 있는데 정말로 헌신적으로 일하고 있는 사람들은 이렇게 말합니다. "문제의 크기에 압도되지 말고 내 곁에 있는 한 사람을 돕는 일을 시작해보라"고 말입니다. 여러분 이거는 우리가 할 수 있잖아요. 내 옆에 굶주리는 사람이 있으면 그에게 돈 몇 푼 쥐어 주는 것으로 끝나지 말고, 그저 슈퍼에 가든지 어디 가서 먹을 것을 사고 그에게 다가가 건네주고, 건네주면서 말을 건네고, 그를 형제자매로 대하라는 겁니다. 그가 하는 이야기가 있다면 귀 기울여 들으라는 겁니다. 여러분, 마치 성전 미문 앞에 앉아 있었던 앉은뱅이 그 걸인에게 베드로와 요한은 어떻게 했습니까? 그 앞에 멈춰섰습니다. 그리고 그를 형제로 불렀습니다. 그리고 나사렛 예수를 그에게 전했습니다. 그렇죠. 이것입니다. 돈이 아니라 우정과 사랑 그리고 삶의 의미를 찾도록 해준 겁니다. 이게 바로 우리에게 요구되고 있는 삶입니다.

어느 날 한 유대인 젊은이가 뉴욕에 있는 유대 신학교에서 가르치고 있던 아브라함 조슈아 헤셀이라는 저명한 랍비를 찾아왔습니다. 그 젊은이는 랍비가 되고 싶어서 이 저명한 랍비의 조언을 듣기를 원했던 겁니다. 그러자 아브라함 조슈아 헤셀은 그 젊은이에게 물었습니다. "어떻게 여기까지 왔는가?"라고요. 그가 대답합니다. "웨스트 70번가에서 120번가까지 2마일을 걸어서 왔습니다." 그러자 헤셀이 그에게 이렇게 질문을 합니다. "그렇다면 자네 96번가에 있는 노숙자 여인을 보았는가?" 한 손에는 손팻말을 들고 도와달라고 하는 그런 것이었겠죠. "팻말을 들고 한쪽에는 담요를 들고 있는 그 여인 말일세." 젊은이는 보지 못했다고 대답했습니다. 그러자 나이 든 랍비의 질문이 계속됩니다. "117번가에 있는 퇴역군인을 보았는가? 그는 야구 모자를 쓰고 있고 회색 수염에다가 이빨이 다 빠진 채 있는데…." 젊은이는 그도 본 적이 없고, 보지 못했다고 대답했습니다. 헤셀이 또 질문합니다. "자바르 외곽에서 드레드 머리를 한 채 두 손을 들고 기도하는 키 큰 남자를 보았는가?" 젊은이는 그도 보지 못했다고 했습니다. 그때 헤셀이 말했습니다. "어떻게 주위에 있는 사람들을 눈여겨보지 않으면서 랍비가 되겠다는 겁니까?" 크게 말했습니다.

여러분, 이것은 제가 이번 주간에 '엘리 위젤'이라고 하는, 1986년에 노벨 평화상을 받은 분에 관한 책을 읽다가 만난 대목입니다. 저는 이 대목에 깊은 충격을 받았습니다. 이 질문 앞에 서면 저도 유구무언입니다. 다시 한번 마음을 새롭게 해야겠습니다. 나 홀로의 행복에 겨워 살고 있는 것은 아닙니까? 내 주위에 주변 둘러보기만 하면 어려움을 겪고 있는 사람들이 있는데 우리는 그들을 풍경처럼 대하고, 가난은 나라님도 구제하지 못한다며 어쩔 수 없는 숙명이라고 여겨 버려두진 않았습니까? 우리가 할 수 있는 일 없다고 말입니다. 그러나 아름다운 사람들은 말합니다. 온 세상의 문제를 해결할 수 없지만 한 사람에게 선의를 베푸는 일은 할 수 있지 않느냐? 바로 이것이 감옥에 갇힌 사람들, 학대받는 사람들에게 그저 연대와 사랑을 보내는 길이라고 말하고 있지 않습니까? 우리가 정녕 믿는 사람들이라고 한다면 고통 받는 사람들을 풍경처럼 대하는 일은 없어야 하겠습니다.

이웃을 바라보는 우리의 시선이 따듯해질 때 주님은 우리 마음에 더욱 가까이 오실 것입니다. 여건이 어떠하든 사랑을 선택하는 용기를 내시고 어려운 이웃과 함께하기 위해 편안한 자리, 따듯한 자리를 박차고 일어설 용기를 내십시오. 그렇게 훈련해보십시오. 개인의 안일에만 몰두하는 삶에서 벗어나 누군가에게 선물이 될 마음을 품고 사십시오. 낯선 사람들을 환대하십시오. 주님은 나그네의 모습으로 우리에게 다가오고 계십니다. 우리도 그런 나그네로 오는 분들에게 다가설 때 우리는 비소로 아름다운 성탄절을 맞게 될 겁니다.

이번 성탄절이 우리에게 그런 삶으로 한 걸음 다가서는 아름다운 기회가 될 수 있기를 주의 이름으로 축원합니다.

(2019. 12. 22. 대림절 제4주)

기다림은 자기를 깨끗이 하는 것

말 3:1-5

[1]"내가 나의 특사를 보내겠다. 그가 나의 갈 길을 닦을 것이다. 너희가 오랫동안 기다린 주가, 문득 자기의 궁궐에 이를 것이다. 너희가 오랫동안 기다린, 그 언약의 특사가 이를 것이다. [2]나 만군의 주가 말한다. 그러나 그가 이르는 날에, 누가 견디어 내며, 그가 나타나는 때에, 누가 살아 남겠느냐? [3]그는 금과 은을 연단하는 불과 같을 것이며, 표백하는 잿물과 같을 것이다. 그는, 은을 정련하여 깨끗하게 하는 정련공처럼, 자리를 잡고 앉아서 레위 자손을 깨끗하게 할 것이다. 금속 정련공이 은과 금을 정련하듯이, 그가 그들을 깨끗하게 하면, 그 레위 자손이 나 주에게 올바른 제물을 드리게 될 것이다. [4]유다와 예루살렘의 제물이 옛날처럼, 지난날처럼, 나 주를 기쁘게 할 것이다. [5]내가 너희를 심판하러 가겠다. 점 치는 자와, 간음하는 자와, 거짓으로 증언하는 자와, 일꾼의 품삯을 떼어먹는 자와, 과부와 고아를 억압하고 나그네를 학대하는 자와, 나를 경외하지

않는 자들의 잘못을 증언하는 증인으로, 기꺼이 나서겠다. 나 만군의 주가 말한다."

헤이그의 베델교회

주님을 기다리는 모든 이들에게 하늘의 평화와 기쁨이 임하시기를 빕니다. 주님의 탄생을 전하는 누가복음의 본문은 호적 등록을 하러 베들레헴에 간 요셉과 마리아가 겪었던 신산스러운 상황을 들려줍니다. 그들은 해산이 임박했는데도 머물 방을 구할 수 없었습니다. 마리아는 결국 마구간에서 출산을 했고, 요람조차 없었기에 아기를 포대기에 싸서 구유에 눕혀 두었습니다. 주님은 이처럼 가장 낮고 비천한 모습으로 이 세상에 오셨습니다. 만삭의 여인조차 환대하지 못할 정도로 정신이 황폐해진 시대에 주님은 환영받지 못하는 존재로 오셨습니다. 오늘 주님이 이 땅에 오신다면 상황이 달라질까요? 교회는 '낯선 이', '가장 작은 이'의 모습으로 오시는 주님을 위해 자리를 내드릴 수 있을까요? 대형 교회들이 매스컴에 심심찮게 등장합니다. 대개는 부정적인 일로 거론됩니다. 암담합니다. 이런 때에 우리는 기다림의 의미를 되새기도록 만드는 한 이야기를 접하게 되었습니다.

네덜란드 헤이그에 있는 베델교회는 지난 10월 26일부터 지금까지 끊임없이 예배를 드리고 있습니다. 추방 위기에 있는 아르메니안 가족을 보호하기 위해서입니다. 탐라지안(Tamrazyan)은 네덜란드에

와서 산 지 벌써 9년이 되었는데, 가족들과 함께 추방될 처지에 놓였습니다. 아르메니아로 돌아가면 정치범으로 몰려 처벌을 당할 수도 있었기에 그는 교회에 보호를 요청했습니다. 베델교회는 공권력을 존중해야 한다는 사실을 인정하면서도 보호를 요청한 사람을 차마 뿌리칠 수 없어 그들의 품이 되어 주기로 했습니다. 네덜란드의 국내법은 공공기관이 종교예식을 방해할 수 없다고 규정하고 있다고 합니다. 예배가 지속되는 한 탐라지안 가족이 체포되거나 추방당하는 일은 일어날 수 없습니다. 이 사실이 알려지자 많은 교회와 교인들이 그 예배에 동참하기 시작했습니다. 신학적 입장과 예전적 특색이 다른 이들, 진보적이거나 보수적인 이들이 다 한 마음이 되어 그들의 보호자가 되고 있습니다. 그 가련한 가족은 의도한 것은 아니지만 조각나 있던 주님의 몸을 깁는 역할을 하고 있습니다. 대림 시기에 이 이야기는 머물 곳이 없었던 가족의 처지와 맞물려 제게 감명 깊게 다가왔습니다.

언약의 특사

세상에는 절망의 조짐도 많지만 희망의 조짐도 있습니다. 현실의 어둠에 질식되어 빛의 소명을 포기해서는 안 됩니다. 세상 어디에선가 인간성의 등불, 복음의 등불을 끈질기게 밝히는 이들이 있으니 말입니다. 오늘 우리는 말라기서의 한 대목과 마주하고 있습니다. 말라기 선지자가 활동하던 시대는 대략 포로기 이후로 보입니다. 학개와 스가랴 선지자의 독려로 성전을 재건했지만, 약속되었던 복이 그들에게 임하지 않자 사람들은 깊은 절망감에 빠졌습니다. 사회 전체에 냉소와 환멸의 분위기가 감돌기 시작했습니다. 종교적인 실천이 없었던 것은 아니지만, 예배는 변질되었고 제사장들은 무책임했습니다. 율법은 무시되었고 영적 불신이 팽배해 있었습니다. 악한 이들이 번성하는 것을 보며 사람들은 착하게 살아봤자 아무 소용이 없다는 역사 허무주의에 빠졌습니다. 하나님의 정의를 믿지 못했기에 사람들은 불의한 현실을 그저 수용하려 했습니다. 하나님은 말라기를 통해 낙심한 백성들을 격려하십니다.

내가 나의 특사를 보내겠다. 그가 나의 갈 길을 닦을 것이다. 너희가 오랫동안 기다린 주가, 문득 자기의 궁궐에 이를 것이다. 너희가 오랫동안

기다린, 그 언약의 특사가 이를 것이다. 나 만군의 주가 말한다(3:1).

하나님은 특사를 보내 당신이 오실 길을 닦게 하겠다고 말씀하십니다. 그 특사는 '주' 혹은 '언약의 특사'라고 일컬어집니다. 주가 들어오실 '궁궐'은 성전을 가리키는 말이고, '언약의 특사'는 제사장을 가리킵니다. 역사의 회복은 종교의 회복과 떼려야 뗄 수 없을 정도로 연결되어 있습니다. 말라기는 하나님과 레위가 맺은 언약을 이렇게 설명합니다.

내가 레위와 맺은 언약은, 생명과 평화가 약속된 언약이다. 나는 그가 나를 경외하도록 그와 언약을 맺었고, 그는 과연 나를 경외하며 나의 이름을 두려워하였다. 그는 늘 참된 법을 가르치고 그릇된 것을 말하지 않았다. 그는 나를 불편하게 하지 않고 나에게 늘 정직하였다. 그는 또한 많은 사람을 도와서, 악한 길에서 돌아서게 하였다(말 2:5-6).

제사장들의 소임은 백성들이 하나님에 대해 경외심을 품도록 하고, 사람들에게 참된 법을 가르치고, 사람들이 악한 길에서 돌아서게 하는 것입니다. 그러나 현실은 그렇지 못했습니다. 그들은 스스로 바른길에서 떠났고, 사람들을 곁길로 가도록 가르침으로 맺은 언약을 배신했습니다. 제 욕심에 이끌렸기 때문입니다. 가장 아름다운 것이 타락하면 가장 추한 법입니다. 하나님도 타락한 예배에 대해 염증을 느끼십니다. 그래서 말씀하십니다.

기다림은 자기를 깨끗이 하는 것

너희 가운데서라도 누가 성전 문을 닫아걸어서, 너희들이 내 제단에 헛된 불을 피우지 못하게 하면 좋겠다! 나는 너희들이 싫다. 나 만군의 주가 말한다. 너희가 바치는 제물도 이제 나는 받지 않겠다(말 1:10).

이게 이스라엘의 현실이었습니다. 그러나 이제 하나님은 특사를 보내 주님 오실 길을 닦게 하시겠다고 말씀하십니다. 언약의 특사는 죄악을 심판하고 처벌하는 분인 동시에 사람들의 부정과 죄악을 씻어주시는 분이십니다. 그분은 금과 은을 연단하는 불과 같이, 표백하는 잿물과 같이 우리 가운데 다가오십니다.

믿음이란 자기의 부족함과 허물을 정직하게 인정하고 주님의 은총 앞에 우리 자신을 맡기는 것입니다. 하나님은 우리를 당신의 형상에 따라 지으셨지만 우리는 저마다 제 욕심에 이끌려 사느라 불투명한 존재가 되었습니다. 마음의 창이 흐려진 결과 우리는 하나님을 보지도 못하고 하나님을 드러내지도 못합니다. 그런 우리의 불투명함을 주님 앞에 내놓아야 합니다. 아프더라도 우리는 불과 잿물을 통과해야 합니다. 은혜가 아니고는 우리의 자아가 무너지지 않으니 말입니다.

산양의 소화액

자연 다큐멘터리(EBS 다큐프라임, '녹색 동물')를 통해 헛개나무가 어떻게 숲을 채우는지를 보았습니다. 헛개나무 씨앗은 껍질이 두꺼워서 자연 상태에서는 발아율이 매우 떨어진다고 합니다. 불과 0.8%에 지나지 않습니다. 그런데도 숲에 헛개나무가 건재한 것은 발아를 돕는 협력자가 있기 때문입니다. 그 협력자는 산양입니다. 산양은 겨울 숲에서 먹을 것을 찾다가 헛개나무 열매를 다 먹습니다. 그 열매의 과육은 소화가 되고 씨앗은 소화액과 뒤섞여 껍질이 얇아진 채 배출됩니다. 헛개나무 씨앗은 산양의 배설물 속에서 영양을 취하며 싹을 틔우고 자라납니다. 발아율이 무려 32.5%라 합니다. 자연의 신비입니다. 먹힘으로 사는 것입니다. 우리가 살길도 하나님의 은혜에 삼켜지는 것뿐입니다.

우리에게 다가오는 은혜는 가끔은 우리에게 낯선 모습으로 다가옵니다. 질병, 실패, 외로움, 가난, 모욕 등으로 말입니다. 이런 것들이 찾아오면 우리는 당황합니다. 그리고 가급적이면 빨리 떠나보내려고 합니다. 당연합니다. 그렇지만 우리가 잊지 말아야 할 것이 있습니다. 그 부정적인 현실들은 어쩌면 우리들의 자아의 벽을 엷게 만드는 산양의 소화액과 같은 역할을 하기도 합니다. 자아라는 감옥 속에 갇혀 있던 하나님의 성품의 씨앗이 그런 일들을 겪으면서 발아되는 경우가 있으니 말입니다. 바울 사도도 이러한 은혜의 신비를 경험했기에 이렇게 말할 수 있었습니다.

그뿐만 아니라, 우리는 환난을 자랑합니다. 우리가 알기로, 환난은 인내력을 낳고, 인내력은 단련된 인격을 낳고, 단련된 인격은 희망을 낳는

줄을 알고 있기 때문입니다(롬 5:3-4).

하나님은 은을 정련하는 정련공처럼 자리를 잡고 앉아서 레위 자손을 깨끗하게 하십니다. 말라기가 말하는 레위인들은 물론 제사장들을 가리키지만, 그들을 굳이 전문적인 훈련을 받은 성직자로 국한시켜 이해할 필요는 없습니다. 일찍이 하나님은 언약의 백성들을 가리켜 '제사장 나라', '거룩한 백성'이라 하셨습니다. 우리들 각자가 하나님의 뜻을 세상에 알리고, 일상 속에서 하나님을 예배하는 거룩한 제사장들입니다.

주님의 은총으로 깨끗해진 이들이라야 공의로운 제물을 하나님께 바칠 수 있습니다. 그들이 바치는 제물을 주님은 '올바른 제물'이라 하십니다. '제물의 올바름'이란 제물의 종류에 달린 것이 아닙니다. 제사 드리는 주체의 올바름이 관건입니다. 하나님은 마음이 담기지 않은 제물, 경외심 없이 바치는 제물을 외면하십니다.

정의의 회복

언약의 특사는 또한 심판하는 분으로 우리 가운데 오십니다. 그는 점치는 자, 간음하는 자, 거짓 맹세하는 자들의 죄악을 드러내실 것입니다. 사람들은 누구나 불확실한 미래에 대한 두려움을 느낍니다. 그렇기에 미래를 알려준다는 명목으로 사람들의 영혼을 마비시키는 이들에게 미혹됩니다. 구약에서 간음하는 자는 대개 우상 숭배자를 가리킵니다. 하지만 여기서는 쾌락을 위하여 다른 이들을 수단으로 삼는 이들을 가리킨다고 보아도 좋을 것 같습니다. 거짓 맹세하는 자 또한 자기 이익을 위해 진실을 호도하는 이들입니다. 이 모든 일의 중심에는 자기 이익이 있습니다. 자기를 위해 다른 이들을 타자화하고 수단으로 삼는 일은 그를 지으신 하나님에 대한 모독입니다. 지금 우리 사회는 온통 이런 일들로 가득 차 있습니다. 서슴없이 거짓을 지어내는 이들이 많습니다.

한희철 목사님의 책을 읽다가 흥미로운 대목과 만났습니다. 가짜 휘발유를 만들 때 가장 많이 들어가는 게 뭘까요? 답은 물이 아니라 휘발유입니다. 물이 너무 많으면 당장 들통나게 되어 있습니다. 그래서 가짜 휘발유를 만드는 이들은 많은 휘발유에 물을 조금 섞습니다. 국사편찬위원장을 하신 이만열 박사님은 가짜뉴스를 만들어 유포하는 이들의 행태가 역사를 멍들게 하는 것이라면서 이렇게 말합니다. "가짜뉴스는 대부분 그럴듯한 진실에다 아주 작은 부분의 거짓을 조합했기 때문에 반신반의로 출발하여 그 거짓됨이 명백하게 드러나는 경우도 쉽지 않다."* 거짓을 만들어 내는 이들은 하나님의 심판대 앞에 서야 할 것입니다.

또 있습니다. 언약의 특사는 일꾼의 품삯을 떼어먹는 자, 과부와 고아를 억압하고 나그네를 학대하는 자를 심판대에 세우실 것입니다.

＿＿
* 이만열 칼럼, '가짜 뉴스, 역사 멍들게 하는데 참회가 없다', 「한겨레신문」, 2018년 12월 7일 자.

사회적 약자들을 억울하게 하는 이들은 하나님과 맞서는 이들입니다. 갑질 이야기가 어제오늘의 일이 아닌데, 여전히 세상에는 사회적 약자들을 더욱더 서럽게 만드는 이들이 많습니다. 햄버거 가게에서 일하는 아르바이트생의 얼굴에 햄버거가 담긴 봉지를 있는 힘껏 집어던지는 사람의 동영상을 보았습니다. 그들의 눈에는 그 청년이 하찮은 존재로 보였을지 모르겠지만 하나님의 생각은 다릅니다. 하나님은 그런 이들 편에 서십니다.

그렇게 사람들을 이용 가치로 보거나, 함부로 대하는 이들의 마음에는 하나님이 없습니다. 하나님을 경외하는 이들이라면 절대로 그렇게 할 수 없으니 말입니다. 세상은 여전히 어지럽습니다. 그러나 세상을 구원하시는 주님이 오고 계십니다. 삶이 힘겨울수록 오시는 분에 대한 그리움을 품고 살아야 합니다. 이승연 선생은 "그리움은 '그리다'라는 말에서 온 것" 같다면서 "마음에서 그리고 있으니 그리움"이라고 말합니다. "몸과 마음 깊이에 있지 않은 것은 생기 있게 그릴 수도 없고 그리워할 수도 없으니" 말입니다.* 우리가 진정 주님을 그리워한다면 그분과 함께 만들어갈 세상에 대한 그림을 잘 그려야 합니다. 죄와 욕망으로 얼룩진 우리 마음을 깨끗이 해야 그 그림이 보일 겁니다. 우리를 깨끗하게 하시고, 단련시키시는 주님의 은혜가 우리와 함께하시기를 빕니다. 아멘.

(2018. 12. 09. 대림절 제2주)

---

* 이승연, "마음의 문 여는 그리움의 향기", 「한겨레신문」, 2018년 10월 31일 자.

기다림은 영적 예민함을 가다듬는 것

렘 23:3-8

3이제는 내가 친히 내 양 떼 가운데서 남은 양들을 모으겠다. 내가 쫓아냈던 모든 나라에서 모아서, 다시 그들이 살던 목장으로 데려오겠다. 그러면 그들이 번성하여 수가 많아질 것이다. 4내가 그들을 돌보아 줄 참다운 목자들을 세워 줄 것이니, 그들이 다시는 두려워하거나 무서워 떠는 일이 없을 것이며, 하나도 잃어버리는 일이 없을 것이다. 나 주의 말이다. 5내가 다윗에게서 의로운 가지가 하나 돋아나게 할 그날이 오고 있다. 나 주의 말이다. 그는 왕이 되어 슬기롭게 통치하면서, 세상에 공평과 정의를 실현할 것이다. 6그 때가 오면 유다가 구원을 받을 것이며, 이스라엘이 안전한 거처가 될 것이다. 사람들이 그 이름을 '주님은 우리의 구원이시다'라고 부를 것이다. 7그러므로 보아라, 그날이 지금 오고 있다. 나 주의 말이다. 그때에는 사람들이 다시는 '이스라엘 백성을 이집트 땅에서 이끌어 내신 주'의 살아 계심을 두고 맹세하지 않고, 8그 대신에 '이스라엘 집의 자손이 쫓겨가서 살던 북녘 땅과 그 밖의 모든 나라에서 그들을 이끌어 내신 주'의 살아 계심을 두고 맹세할 것이다. 그때에는 그들이 고향 땅에서 살 것이다.

우리의 기다림은 진실한가?

빛으로 오시는 주님의 평화와 기쁨이 우리 가운데 임하시기를 빕니다. 대림절 첫 주와 둘째 주에 저는 각각 '기다림은 그에게로 가는 것', '기다림은 자기를 깨끗이 하는 것'이라는 주제로 말씀을 나눴습니다. 오늘은 '기다림은 영적 예민함을 가다듬는 것'이라는 제목으로 말씀을 전하려 합니다. 기다림의 내용은 미래에 속하고, '미래'는 아직 오지 않은 시간입니다. 아직 오지 않았기에 미지의 영역입니다. 미래는 설렘과 희망으로 다가오기도 하지만 우리 속에 두려움을 차아내기도 합니다. 학자들은 오늘날의 젊은이들이 역사상 최초로 앞선 세대보다 못한 삶을 살게 될지도 모른다고 말합니다. 우울한 전망입니다. 미래에 대한 낙관은 많이 무너졌습니다. 장밋빛 미래가 아니라 잿빛 미래가 우리 앞에 전개될지도 모릅니다. 그렇기에 우리는 더욱 희망의 조짐을 붙들고 싶어합니다. 저는 "진보란 보듬어 안는 능력의 확장"이라는 말에 동의합니다. 낯선 이들을 환대하고 그들에게 설 자리를 제공하는 것, 차이를 존중하는 것, 약자들의 생명을 소중히 여기는 것이야말로 우리가 가야 할 마땅한 길입니다. 제레미 리프킨은 역사를 공감의 확대 과정으로 설명하고 있습니다.

하지만 현실은 이러한 우리의 기대를 저버리는 것처럼 보입니다. 사회적 약자들의 삶은 위태롭고, 난민들에 대한 미움과 혐오가 도를 넘고 있습니다. 몸은 살아 있으나 영혼을 빼앗긴 것처럼 보이는 좀비족들이 너무 많습니다. 분노 조절을 못하는 사람들, 날카롭게 발톱을 세운 채 사는 사람들, 다른 이들의 고통에 무감각한 이들이 거리를 활보하고 있습니다. 위험한 세상입니다. 가야 할 길은 분명한데, 역사는 퇴행하고 있는 것처럼 보입니다. 그렇기에 우리 삶에 돌입해 오셔서 우리를 바른길로 이끌어주실 주님을 간절히 기다립니다. 주중에 디트리히 본회퍼의 책을 읽다가 어둠이 지극한 바로 이때야말로 주님을 기다린다는 의미가 오롯이 드러나는 때라는 사실을 깨달았습니다.

우리들이 의심(疑心)과 모색(摸索)과 기다림 속에서 어떤 괴로움과 애로(隘路)를 느낄 때 그리고 갑자기 자기(自己)의 존재(存在)가 상실(喪失)되었고 생(生)의 무의미성(無意味性)에 빠졌다고 느끼며 불안(不安)해 할 때에 아마 우리는 성서(聖書)가 말하는 '기다림'에 대해 무엇인가를 알 수 있을 것입니다. 긴긴 밤, 자기(自己)의 등불에 불을 켜고 주인(主人)이 빨리 돌아오시지 않는가고 밤하늘을 쳐다보며 불안(不安)해 할 때 그때 아마 멀지 않은 곳에서 예수의 복음(祝福)의 말씀은 힘있게 우리에게 들려질 것입니다. 그때 우리는 멀리서부터 '볼찌어다 내가 문(門) 밖에 서서 두드리노라'(계 3:20) 또는 '주인(主人)이 와서 깨어 있는 것을 보면 그 종들은 복(福)이 있으리로다'라고 우리들에게 말씀하시는 분의 음성(音聲)을 들을 수 있습니다.*

의심과 상실감, 생의 무의미성과 불안이 우리 삶을 삼키려 할 때 야말로 주님을 기다린다는 것이 무엇인지를 절실하게 깨닫는 때입 니다. 주님은 지금 문 밖에 서서 문을 두드리고 계십니다. 예기치 않 은 시간에 당도하는 주인처럼 우리에게 오고 계십니다. 지금은 영혼 의 혼곤한 잠에서 깨어나 위로부터 오는 소식에 예민해져야 할 때입 니다.

지도자들의 죄

현실 속에서 벌어지는 일들로 인해 마음이 스산해질 때마다 되뇌 는 말씀이 있습니다. "나의 생각은 너희의 생각과 다르며, 너희의 길 은 나의 길과 다르다", "하늘이 땅보다 높듯이, 나의 길은 너희의 길보 다 높으며, 나의 생각은 너희의 생각보다 높다"(사 55:8, 9). 이 말씀을 저는 희망의 밑절미로 삼곤 합니다. 내 생각이 아니라 하나님의 생각 이 높고 깊다는 사실을 인정할 때, 초조함이 잦아듭니다. 하나님은 출 애굽 공동체를 지름길인 해변 길이 아니라 에움길인 광야 길로 인도 하셨습니다. 그 긴 여정을 통해 이스라엘은 자기들의 뜻과 경험에 따

---

* 디이트리히 본회퍼/손명걸, 『기다리는 사람들』, (서울: 信文社, 1966), 22.

라 사는 이들이 아니라 하나님의 지혜에 이끌리는 백성으로 거듭날 수 있었습니다.

바빌로니아의 위협으로 인해 나라가 풍전등화의 위기 속에 있을 때 유다는 그 곤경에서 벗어날 수 있는 길을 모색하기 위해 분주했습니다. 그때 예레미야는 왕과 대신들 그리고 백성들에게 희망의 메시지가 아니라 그들이 한사코 외면하고 싶었던 말씀을 전했습니다. '예루살렘은 결국 망한다', '바빌로니아 군대에게 나가 항복하는 사람은 살겠지만 그렇지 않은 사람은 죽을 것이다'. 이스라엘의 하나님이 무능력하기 때문이 아닙니다. 공의로우신 분이기 때문에 그렇습니다. 하나님은 오래 참으시는 분이지만 잘못을 처벌하지 않고 넘어가는 분은 아닙니다. 하나님은 먼저 나라를 책임지고 있는 왕의 죄를 준엄하게 심판하십니다.

> 나 주가 말한다. 너희는 공평과 정의를 실천하고, 억압하는 자들의 손에서 고통 받는 사람들을 구하여 주고, 외국인과 고아와 과부를 괴롭히거나 학대하지 말며, 이 곳에서 무죄한 사람의 피를 흘리게 하지 말아라 (렘 22:3).

왕이 해야 할 일은 이처럼 간명합니다. 공평과 정의를 실천하는 것, 고통 받는 사람들을 구하여 주는 것, 사회적 약자들이 안심하며 살 수 있도록 하는 것, 그 땅에서 무고한 피가 흐르지 않도록 하는 것입니다. 지금 우리 현실은 어떻습니까? 위탁모들에게 맡겨졌던 아이들이 학대를 당하다가 죽고, 이 겨울에 재개발 지역에서 쫓겨난 사람이 한강에 투신하고, 비정규직 일자리에서라도 성심껏 일하던 젊은이가 컨베이어 벨트에 끼어 죽었습니다. 태안 화력발전소의 젊은 노동자 고 김용균 씨는 지금 우리 사회가 얼마나 무정하고 위험한 곳으로 변모하고 있는지를 보여주는 징표인 동시에 희생양입니다. 기업이나 국가는 예산과 인력 부족을 빌미로 위험을 외주화하고 있습니다. 돈이 주인 노릇하는 세상에서는 생명 가치는 존중받지 못합니다. 하나님은 이런 세상을 미워하십니다.

하나님과 맺은 언약을 파기한 결과는 무엇입니까? 역사에 대한 준엄한 심판입니다. 예레미야는 살룸, 여호야김, 여호야긴 왕을 일컬어 "내 목장의 양 떼를 죽이고 흩어버린 목자들"(렘 23:1)이라고 부릅니다. 그들은 주님의 저주를 피할 수 없었습니다. 정치 지도자들은 물론이고 어떤 자리에서든 다른 이들을 돌보아야 하는 책임을 지고 있는 이들은 이 말씀을 두렵게 받아들여야 합니다.

타락한 종교의 폐해

문제는 정치 지도자들에게만 있지 않습니다. 역사의 타락은 그들을 향해 하나님의 뜻을 전해야 하는 예언자들과 제사장들이 제 역할을 다하지 못할 때 빚어지는 현실입니다. 예레미야는 "예언자도 썩었고, 제사장도 썩었다"(렘 23:11)고 말합니다. 그들은 성전 안에서도 악행을 저질렀고, 간음을 행하고, 거짓말을 일삼고, 악행을 저지르는 자들을 돕기까지 했다는 것입니다. 종교가 권력과 결탁하면 반드시 타락하게 되어 있습니다. 종교가 권력을 탐할 때는 더 말할 것도 없습니다. 종교와 권력은 창조적인 긴장 가운데 있을 때 건강합니다. 힘 있는 사람들이 듣고 싶어하는 말만 늘어놓는 이들은 더 이상 하나님의 일꾼이 아닙니다. 예레미야는 그런 거짓 종교인들을 일러 "보냄을 받지 않고도 달려 나가는 사람들"이라 말합니다. 그들은 오지랖이 넓어 이 일 저 일 다 참견하고, 이런 자리 저런 자리에 빠짐없이 얼굴을 내밀면서도 정작 해야 할 일은 하지 않습니다. 하나님의 뜻을 분별하는 일, 자기를 지우고 또 지우는 일, 고통 속에 있는 이들 곁에 머물고 그들의 설 땅이 되어 주는 일 말입니다. 그들은 다른 일로 공사다망하여 이런 데 쓸 시간이 별로 없습니다.

그들은 자기들의 지성과 영성 부족을 숨기기 위해 가면을 쓰곤 합니다. 꿈에 계시를 받았다고 말하거나 기도 중에 어떤 음성을 들었다고 말하면서 사람들의 영혼을 사로잡습니다. 예레미야는 그런 이들을 가리켜 "주님의 이름을 팔아 거짓말로 예언하는 자들"이라고 말합니다. 가끔 저는 이런저런 종교적인 두려움에 포박된 이들을 대할 때마다 마음 깊은 곳에서 분노를 느낍니다. 사람들을 거짓된 권위나 환상으로부터 벗어나 자유인으로 살도록 하는 것이 신앙인들의 책무인데 현실은 그렇지 못합니다. 그릇된 지도자들을 만난 사람들은 마치 거미줄에 묶인 듯 옴짝달싹하지 못합니다. 죄책과 두려움으로 마비된 그들의 영혼은 마치 날개가 구겨진 나비처럼 기쁨의 하늘을 훨

휠 날지 못합니다. 하나님께서 예언자나 제사장들의 죄를 엄중하게 벌하시는 까닭을 예레미야는 이렇게 밝힙니다. "죄악이 예루살렘의 예언자들에게서 솟아 나와서, 온 나라에 퍼졌기 때문이다" 두려운 이미지입니다. 마치 사람들에게 독이 든 샘물을 먹이는 것 같지 않습니까? 타락한 종교는 이처럼 치명적입니다.

의로운 가지

하지만 절망에 빠질 필요 없습니다. 하나님으로부터 시작되는 새로운 희망이 있기 때문입니다. 공의의 하나님은 또한 언약을 지키시는 하나님이십니다. 죄를 지은 백성을 벌하시지만 그들을 아주 버리지는 않으십니다. 하나님은 세상 도처에 흩어져 사는 당신의 백성들을 모으시고, 그들을 약속의 땅으로 데려오실 것이고, 그들이 번성하여 수가 많아지게 하실 것이라고 말씀하십니다. 하나님은 참다운 목자를 세우셔서 그들을 돌보게 하실 것입니다. 다윗에게서 나온 의로운 가지인 그 목자는 세상에 공평과 정의를 실현하실 분이십니다.

그는 세상 사람들 속에 있는 선의 가능성을 일깨우시는 분이십니다. 처벌이 무서워서가 아니라 그렇게 사는 것이 기뻐서 공평과 정의를 행하도록 하시는 분이십니다. 그 목자를 통해 유다는 구원을 받고, 이스라엘은 안전한 거처가 될 것입니다. 그 목자는 양을 '하나도 잃어버리는 일이 없을 것'입니다. 그에게는 귀하지 않은 생명이 없기 때문입니다. 저는 노자『도덕경』59장에 나오는 한 구절을 늘 명심하고 있습니다. 치인사천 막약색(治人事天 莫若嗇), 사람을 다스리고 하늘을 섬기는 데 아끼는 것보다 나은 것이 없다는 말입니다. 사람을 아끼는 것이 정치와 종교의 근본입니다. 선한 목자는 생명을 아끼는 분이십니다.

우리는 그 선한 목자를 잘 압니다. "나는 선한 목자이다. 선한 목자는 양들을 위하여 자기 목숨을 버린다"(요 10:11). "나는 선한 목자이다. 나는 내 양들을 알고, 내 양들은 나를 안다"(요 10:14)고 말씀하신 분 말입니다. 주님이 하시는 일은 더뎌 보입니다. 눈에 띄지도 않고 효율적으로 보이지도 않습니다. 그러나 봄볕에 온 산을 덮고 있던 눈이 녹는 것처럼 하나님이 하시는 일을 막을 사람은 없습니다. 우리는 그렇게 일하시는 하나님을 신뢰해야 합니다. 생명의 속도는 느린 법입니다. 세상이 아무리 어두워도 빛을 이길 수는 없습니다. 주님이 지금도 일하고 계시기에 우리도 일해야 합니다. 지금 우리 가운데 오고 계신 주님은 우리를 위해 길을 만들고 계십니다. 볼 생각이 없는 사람 눈에는 보이지 않지만 그 길은 분명 열리고 있습니다.

며칠 전에 남북한의 군인들이 비무장지대 안에 있던 GP를 철거한 후에, 철거가 제대로 이루어졌는지를 확인하기 위해 만났습니다. 군사분계선을 알리는 노란색 천을 제거한 후에 비무장 상태의 남북한 군인들이 친교의 악수를 나눴습니다. 그리고 검증을 위해 오전에는 북으로 올라가고 오후에는 남으로 내려왔습니다. 긴장이 넘치던 비무장지대, 말이 비무장지대이지 실은 서로의 총구가 날카롭게 대치하고 곳곳에 지뢰가 매설되었던 그곳에 작은 오솔길이 열렸습니다.

안심하고 오갈 수 있는 길 말입니다. 저는 꽤 오래전부터 우리 교회를 '하나님께로 나아가는 한적한 오솔길'로 생각했습니다. 그 때문일까요? 비무장지대에 열린 오솔길은 제게 각별한 의미로 다가왔습니다.

"남 · 북 혹은 북 · 미 사이에 빚어진 긴 반목의 역사와 기억이 일시에 해소될 수는 없겠지만 저 오솔길로 오가는 동안 서로 신뢰가 싹트면 역사의 봄이 멀지 않겠구나" 하는 생각이 들었습니다. 세상은 이렇게 조금씩 조금씩 변해갑니다. 믿음의 사람들은 그런 시대적 징조에 예민해야 합니다. 대림절은 세상일에 쫓기면서 무뎌진 우리 영혼을 예민하게 벼리는 시간이 되어야 합니다. 혼돈을 질서로 바꾸시는 하나님, 어둠 속에서 빛을 창조하시는 하나님, 지금 울고 있는 이들 곁에 다가서시는 하나님, 무의미의 심연에 빠진 이들을 건져 올리셔서 당신의 일에 동참시키시는 하나님의 섭리를 온몸과 마음으로 받드는 우리가 되기를 기원합니다. 아멘.

(2018. 12. 16. 대림절 제3주)

악인의 입을 다물게 하고

시 101:1-8

[1]주님, 주님의 사랑과 정의를 노래하렵니다. 주님께 노래로 찬양드리렵니다. 흠 없는 길을 배워 깨달으렵니다. [2]언제 나에게로 오시렵니까? 나는 내 집에서 흠이 없는 마음으로 살렵니다. [3]불의한 일은 눈 앞에 얼씬도 못하게 하렵니다. 거스르는 행위를 미워하고, 그런 일에는 집착하지 않겠습니다. [4]구부러진 생각을 멀리하고, 악한 일에는 함께 하지 않겠습니다. [5]숨어서 이웃을 헐뜯는 자는, 침묵하게 만들고, 눈이 높고 마음이 오만한 자는, 그대로 두지 않으렵니다. [6]나는 이 땅에서 믿음직한 사람을 눈여겨보았다가, 내 곁에 있게 하고, 흠이 없이 사는 사람을 찾아서 나를 받들게 하렵니다. [7]속이는 자는 나의 집에서 살지 못하게 하며, 거짓말하는 자는 내 앞에 서지 못하게 하렵니다. [8]이 땅의 모든 악인들에게 아침마다 입을 다물게 하고, 사악한 자들을 모두 주님의 성에서 끊어버리겠습니다.

육사자책

주님의 은총과 평강이 우리 가운데 임하시기를 빕니다. 대림절 두 번째 주일인 오늘, 교회는 전통적으로 세례자 요한의 선포를 기억하곤 했습니다. 그는 요단강 주변 온 지역을 찾아가서 죄사함을 받게 하는 회개의 세례를 선포하면서 주님 오실 길을 닦으라고 외쳤습니다. "모든 골짜기는 메우고, 모든 산과 언덕은 평평하게 하고, 굽은 것은 곧게 하고, 험한 길은 평탄하게 해야 할 것이니, 모든 사람이 하나님의 구원을 보게 될 것이다"(눅 3:5-6). 요한은 회개를 마음의 돌이킴으로만 설명하지 않았습니다. 속옷 두 벌 가진 사람은 없는 사람에게 나누어 주고 먹을 것을 가진 사람도 그렇게 하는 것, 힘이 있다고 하여 다른 사람을 협박하거나 빼앗지 않는 것, 제 사욕을 채우기 위해 자기 직위를 남용하던 짓을 그만두는 것이 바로 회개입니다. 세상이 참 어지럽습니다. 오늘 이 땅에 드리운 혼돈과 어둠은 착하고 순박하게 살던 이들이 만들어 낸 것이 아닙니다. 거리와 광장을 가득 메운 이들은 가리어졌던 불의한 현실의 실상을 보고는 떨쳐 일어나 정의를 요구하고 있습니다.

나라가 어지러울 때에는 권력의 정점에 있는 이부터 자기 처신을 돌이켜 보아야 합니다. 『순자』(荀子)의 「대략편」(大略)에 나오는 고사가 떠오릅니다. 은나라에 7년 큰 가뭄이 들자 태사(太史)가 탕왕(湯王)에게 인신공희를 제안합니다. 그때 탕왕은 "백성을 위해 빌려 하는데 어찌 백성을 희생시키겠는가, 내가 희생됨이 마땅하다"고 말하고, 목욕재계를 한 후 흰 띠를 띠고 상림(桑林)의 들에 나가 하늘에 여섯 가지 일을 자책하며 기도를 올렸습니다. 이게 소위 말하는 육사자책(六事自責)입니다. "정치가 알맞게 조절되지 않았습니까?" "백성들이 직업을 잃고 있습니까?" "궁궐이 지나치게 화려하지 않습니까?" "여자들의 치맛바람이 성합니까?" "뇌물이 성행합니까?" "아첨하는 사람이 들끓습니까?" 왕의 기도가 끝나기도 전에 큰비가 내리기 시작했다고 합니다. 오늘의 우리에게 시사해주는 바가 참 많습니다.

흠 없는 삶을 꿈꾸다

시편 101편을 사람들은 흔히 제왕시로 분류합니다. 제왕시는 주로 세상의 창조자이고 주관자이신 하나님의 통치를 찬양하는 내용을 담고 있지만, 지상 왕의 통치가 지향해야 할 바를 가르치기도 합니다. 시인은 주님의 사랑과 정의를 노래하는 것으로 찬양을 시작하여 하나님의 지혜를 구합니다.

흠 없는 길을 배워 깨달으렵니다. 언제 나에게 오시렵니까? 나는 내 집에서 흠이 없는 마음으로 살렵니다(2).

왕은 가르치고 지배하는 자이기에 앞서 배우는 자가 되어야 합니다. 배우려 한다는 것은 자기의 부족함을 잘 안다는 말입니다. 하나님의 지혜가 아니고는 나라를 바로 다스릴 수 없음을 그는 절감하고 있습니다. 솔로몬이 왕에 등극할 때 하나님께 청한 것이 무엇이지요? '지혜로운 마음'이었습니다(왕상 3:9). 지혜로운 마음이라 번역된 단어의 원뜻은 '듣는 마음'입니다. 자기로 가득 찬 사람은 누구의 말도 귀담아들으려 하지 않습니다. 그들은 자기 속으로 구부러진 존재인 탓에 타인의 고통에 공감하지 못합니다. 자기 슬픔에 도취되어 남들의 아픔은 거들떠보지도 않습니다. 역사의 비극은 이렇게 하여 빚어지는 것입니다.

시인은 흠 없는 삶을 살고 싶어 합니다. 성경에서 흠 없는 삶이란 도덕적으로 깨끗한 삶을 의미한다기보다는 주님의 인자하심과 공의에 일치된 삶을 일컫는 말입니다. 이런 꿈을 가진 사람은 늘 자기 삶을 하나님의 뜻에 따라 조율하지 않을 수 없습니다. 욕망이 아니라 하나님의 뜻이 모든 판단의 기준입니다. 그렇기에 그는 이렇게 말합니다.

불의한 일은 눈앞에 얼씬도 못하게 하렵니다. 거스르는 행위를 미워하고, 그런 일에는 집착하지 않겠습니다. 구부러진 생각을 멀리하고, 악한 일에는 함께하지 않겠습니다(3-4).

시인은 불의한 일을 눈앞에 얼씬도 못하게 하겠다고 말합니다. 그는 다른 이들의 처신에 따라 자기 행위를 바꾸는 카멜레온 같은 사람이 아닙니다. 확고하고 단호하게 중심을 붙잡고 있습니다. 적당히 좋은 관계를 유지하기 위해 타협하지 않습니다. 현실 속에서 그런 이들은 가끔 '동업자의 윤리'를 어겼다고 타박 당하기도 하고, '품위를 지키라'는 비난을 받기도 합니다. 하지만 그에게 중요한 것은 사람의 칭찬이 아니라 하나님의 인정입니다.

불의한 자를 멀리함

백성을 다스리는 사람에게 필요한 것은 자기 자신을 깨끗하게 유지하는 것뿐만이 아닙니다. 사람들을 잘 살펴 적재적소에 잘 쓸 수 있어야 합니다. 그러기 위해 먼저 필요한 것은 악인들을 가려내 멀리하는 것입니다. 히브리의 한 시인은 악인들이 득세하는 현실을 가슴 아파하며 이렇게 하소연하고 있습니다. "주위에는 악인들이 우글거리고, 비열한 자들이 사람들 사이에서 높임을 받습니다"(시 12:8). 기가 막힌 현실이지요. 다스리는 이들이 해야 하는 일은 자기 주위에서 그런 이들을 솎아내고 멀리하는 것입니다. 아첨꾼들과 모략꾼들, 나라 꼴이야 어찌 되건 자기 잇속만 차리는 사람들 말입니다. 시인은 확고한 의지를 가지고 말합니다.

숨어서 이웃을 헐뜯는 자는, 침묵하게 만들고, 눈이 높고 마음이 오만한 자는, 그대로 두지 않으렵니다(5).
속이는 자는 나의 집에서 살지 못하게 하며, 거짓말하는 자는 내 앞에

서지 못하게 하렵니다(7).

이 땅의 모든 악인들에게 아침마다 입을 다물게 하고, 사악한 자들을 모두 주님의 성에서 끊어버리겠습니다(8).

이웃에 대한 연민이 없는 자, 마음이 오만한 자, 속이는 자들은 한 사회의 기초를 야금야금 갉아내는 자들입니다. 어둠 뒤에 숨은 악인이 화살을 당겨 마음이 바른 사람을 쏘는 세상, "기초가 바닥부터 흔들리는"(시 11:3) 세상에서는 의인조차 할 수 있는 일이 없습니다. 지금 이 자리에는 세월호 유가족들이 함께하고 있습니다. 2014년 4월 16일, 그 청천벽력 같은 소식이 들려오기 전까지 그들은 소박한 행복을 꿈꾸던 사람들이었을 것입니다. 세상에서 벌어지는 불의한 일들을 보며 혀를 차기도 했겠지만, 아주 의식적으로 불의에 저항하는 일은 하지 못한 분들이 많았습니다. 그러나 그날 이후 유가족들은 '요나의 뱃속'에 갇힌 듯한 느낌 속에서 살아가고 있습니다. 비통함과 절망의 심연에 갇혀 있는 것입니다. 저는 세월호 유가족을 볼 때마다 박두진 시인의 〈갈보리의 노래〉가 떠오릅니다.

박두진 시인의 시에서 가리키는 '당신'은 예수님입니다. 하지만 꼭 그래야만 하는 것은 아닙니다. 주님은 세상의 모든 작은 자들과 당신을 동일시하셨습니다. 세월호 유가족들이 감내해 온 시간이 바로 갈보리의 시간이 아니었다고 누가 말할 수 있겠습니까? 무정한 사람들은 동정 피로를 호소하며 그만하면 되었다고, 이제는 노란 리본을 떼자고 말합니다. 그래서는 안 됩니다. 죽임당한 이들의 억울함은 신원

되어야 합니다. 대림절기를 지날 때마다 저는 이현주 목사님의 시 한 구절을 떠올리곤 합니다. "나를 둘러 당신의 옷으로 삼으소서 벌거숭이로 오시는 주님". 교회가 해야 할 일은 마음이 시린 사람으로, 벌거벗은 이의 모습으로 오시는 주님의 옷이 되는 것입니다.

별을 던지는 사람들

주님은 지금 그런 마음을 품고 사는 이들을 찾고 계십니다. 지도자는 모름지기 눈이 밝아야 합니다. 하나님이 사람의 중심을 보시듯이 지도자들도 중심을 볼 수 있는 눈이 있어야 합니다.

> 나는 이 땅에서 믿음직한 사람을 눈여겨보았다가, 내 곁에 있게 하고, 흠이 없이 사는 사람을 찾아서 나를 받들게 하렵니다(6).

여기서 말하는 믿음직한 사람은 왕에게 절대적인 충성을 바칠 사람이 아니라, 하나님의 마음과 잇대 있는 사람을 말합니다. 그는 왕이 잘못하는 일에 대해 '아니오'라고 말할 수 있는 사람이어야 합니다. 그는 어떤 경우에도 선을 지향할 수 있는 사람이어야 합니다.

제가 마음으로 아낄 뿐만 아니라 존경하는 목사님이 한 분 계십니다. 깨끗하고 성실하고 진실한 그는 지금 목사직을 내려놓고 목수로 살고 있습니다. 자기 마음을 잘 지켜내기 위해서입니다. 며칠 전 그가 페이스북에 쓴 글을 읽다가 뭉클한 감동을 느꼈습니다. 그는 어느 백인의 집을 수리하는 일을 맡았다고 합니다. 데크를 손 보고, 화단을 조성하고, 망가진 창문을 수리했습니다. 집주인은 백인 중산층 남성 특유의 고압적 태도를 보였습니다. 미국 사회에서 이민자로, 아시아 사람으로, 남자로, 육체 노동자로 산다는 것이 얼마나 어려운지를 실감했다고 합니다. 그러나 그는 짜증을 내지도, 일을 대충대충 하지도 않았습니다. 그가 쓴 글을 그대로 인용해보겠습니다.

묵묵히 최선을 다해 일했습니다. 부탁하지도 않은 물청소와 쓰레기까지 비워주고 끊어진 전기선 배선도 해주고, 망가진 창문틀까지 고쳐주었습니다. 화분도 흙을 돋우고, 꽃들도 바로 세워 주고, 죽은 가지들을 정리해 주었습니다(김성환 목사, 페북, 11월 11일 자)

대체 이 마음이 뭘까요? 나는 속으로 '이게 이분의 목회구나!' 하고 무릎을 쳤습니다. 비록 더디더라도 이런 성실함과 온유함이 세상을 바꾸는 힘이 아닐까요? 하나님은 분명히 이런 이를 눈여겨보실 겁니다.

기왕 이런 이야기를 했으니 다른 이야기를 하나 더 들려드리고 싶습니다. 파커 파머의 책에서 읽은 내용입니다. 동식물 연구가인 로렌 아이슬리(Loren Eisley)는 한동안 해안 도시에 지낸 적이 있었다고 합니다. 불면증에 시달리던 그는 새벽마다 해변을 산책하곤 했는데, 해 뜰 무렵이 되면 해안가로 밀려온 불가사리를 수집해 팔기 위해 백사장을 뒤지는 사람들을 보았습니다. 그런데 어느 날 이른 새벽 아직 아무도 나오지 않은 시간에 해안에 홀로 있는 사람을 발견했습니다. 그는 불가사리를 주워 파도 너머로 던지고 있었습니다. 그 일은 날마다 계속되었습니다. 로렌은 그 사람을 '별을 던지는 사람'이라 불렀습니다. 불가사리의 모양이 별 모양이어서 붙인 별명일 겁니다. 파커 파머는 그 이야기 끝에 하나님은 '별을 던지셨고 지금도 던지고 계신 분'이라고 말합니다. 맞습니다. 세상의 작은 신음에도 응답하시는 하나님은 별을 던지시는 분입니다. 우리 또한 별을 던지는 사람이 되어야 합니다. "역사의 해안가에서 세찬 파도와 조수에 저항하는 모든 사람, 바보처럼 보일 것을 두려워하지 않은 채 그 모양이 아무리 작고 하찮을지라도 생명을 긍정하기 위해 몸을 굽히는 사람들"*이야말로 하나님을 참으로 믿는 사람들입니다. 밤하늘을 수놓는 저 총총한

---

* 파커 파머, 『역설에서 배우는 삶의 지혜』, 김명희 옮김, 아바서원, 출판을 위한 가편집 원고 중에서.

별들은 하나님의 뜻을 가슴에 품고 살아간 사람들의 영혼인지도 모르겠습니다.

동지녘을 향해 나아가면서 어둠이 더욱 짙어지고 있습니다. 하지만 지극한 어둠 속에서 빛을 준비하는 이들이 있습니다. 절망을 빚어 희망의 노래를 부르는 사람들, 죽임의 땅에 생명의 기운을 불어넣는 사람들, 불의가 넘치는 세상에서 끝끝내 의를 지향하는 사람들 말입니다. 우리가 바로 그런 사람이 되어야 합니다. 역사의 새벽은 저절로 밝아오지 않습니다. 새벽을 깨우는 사람들이 필요합니다. 주님 오실 길을 닦는 사람들, 골짜기는 메우고, 산과 언덕은 평평하게 하고, 굽은 것은 곧게 하는 사람들 말입니다. 우리 모두 주님 오실 길을 닦는 그 가슴 벅찬 일에 기쁨으로 동참할 수 있기를 빕니다. 아멘.

(2016. 12. 04. 대림절 제2주)

내 마음을 정했습니다

시 57:1-11

¹참으로 하나님, 나를 불쌍히 여겨 주십시오. 불쌍히 여겨 주십시오. 내 영혼이 주님께로 피합니다. 이 재난이 지나가기까지, 내가 주님의 날개 그늘 아래로 피합니다. ²가장 높으신 하나님께 내가 부르짖습니다. 나를 위하여 복수해 주시는 하나님께 내가 부르짖습니다. ³하늘에서 주님의 사랑과 진실을 보내시어, 나를 구원하여 주십시오. 나를 괴롭히는 자들을 꾸짖어 주십시오. (셀라) 오, 하나님, 주님의 사랑과 진실을 보내어 주십시오. ⁴내가 사람을 잡아먹는 사자들 한가운데 누워 있어 보니, 그들의 이는 창끝과 같고, 화살촉과도 같고, 그들의 혀는 날카로운 칼과도 같았습니다. ⁵하나님, 하늘 높이 높임을 받으시고, 주님의 영광을 온 땅 위에 떨치십시오. 그들은 내 목숨을 노리고, 내 발 앞에 그물을 쳐 놓아 내 기가 꺾였습니다. 그들이 내 앞에 함정을 파 놓았지만, 오히려 그들이 그 함정에 빠져 들고 말았습니다. (셀라) ⁷하나님, 나는 내 마음을 정했습니다.

나는 내 마음을 확실히 정했습니다. 내가 가락에 맞추어 노래를 부르겠습니다. [8]내 영혼아, 깨어나라. 거문고야, 수금아, 깨어나라. 내가 새벽을 깨우련다. [9]주님, 내가 만민 가운데서 주님께 감사를 드리며, 뭇 나라 가운데서 노래를 불러, 주님을 찬양하렵니다. [10]주님의 한결같은 그 사랑, 너무 높아서 하늘에 이르고, 주님의 진실하심, 구름에까지 닿습니다. [11]하나님, 주님은 하늘 높이 높임을 받으시고, 주님의 영광 온 땅 위에 떨치십시오.

풀이 눕는다

주님의 은총과 평화가 우리 가운데 임하시기를 빕니다. 대림절 첫 주인 오늘 촛불 하나를 밝혔습니다. 우리 마음에 깃든 어둠, 우리 사회에 깃든 어둠이 조금쯤 물러가기를 소망합니다. 등불 하나를 밝히면 천 년의 어둠이 스러진다는 말을 믿고 싶습니다. 어둠은 빛을 이기지 못합니다. 힘들고 난감한 세월이지만 우리가 빛의 노래를 그칠 수 없는 것은 그 때문입니다.

태어나서 죽을 때까지 인생은 기다림의 연속입니다. 설렘으로 기다리는 이들이 있고, 두려워 떨며 기다리는 이들도 있습니다. 뭔가를 혹은 누군가를 기다리는 사람은 아직 오지 않은 미래를 앞당겨서 삽니다. 아무것도 기다리지 않는 사람은 목석과 다를 바 없습니다. 자기 마음을 '무'로 만든 이들은 기다림이 부질없다고 말할지도 모르겠습니다. 그러나 우리는 유정한 사람인지라 좋은 날이 속히 다가오기를 기다립니다. 코로나19 시대를 사는 우리는 백신과 치료제가 속히 나오기를 고대합니다. 그때 비로소 일상이 회복될 수 있다고 생각하기 때문입니다. 전 세계인들이 백신과 치료제에 대해 이렇듯 깊은 관심을 가진 적이 있을까 싶습니다. 그만큼 상황이 어렵다는 증거입니다.

지금은 가장 엄중한 시기이지만 이 고통의 시간을 잘 견뎌야 합니다. 시인 김수영은 〈풀〉이라는 시에서 비를 몰아오는 동풍에 나부껴 눕는 풀을 노래합니다.

풀이 눕는다
바람보다도 더 빨리 눕는다
바람보다도 더 빨리 울고
바람보다 먼저 일어난다

버티는 것만이 능사가 아닙니다. 바람이 불면 누워 바람을 피해야 하고, 힘들어 울기도 하지만, 바람이 잦아들면 툭툭 털고 일어나 허리를 세우면 됩니다. 우리가 이 중요한 기다림의 절기에 예배를 비대면으로 전환한 것도 같은 이유입니다. 바벨론에 포로로 잡혀갔던 다니엘이 예루살렘을 향해 난 창문 앞에 엎드려 하루에 세 번씩 기도했던 것처럼, 오늘 우리가 드리는 예배가 더욱 경건하고 정성스럽기를 바랍니다.

날씨가 추워진 뒤에야

시편 57편을 편집한 사람은 이 노래를 "지휘자를 따라 알다스헷에 맞추어 부르는 노래"라고 소개하고 있습니다. '알다스헷'은 '파괴하지 말아라'라는 뜻입니다. 그 음조가 어떤 것인지 짐작하기 어렵지만 절박하고 진실하게 부르라는 뜻임은 헤아릴 수 있습니다. 이 시는 5절과 11절에 나오는 동일한 후렴구, 즉 주님의 영광을 기원하는 내용으로 마치는 두 시가 결합된 것으로 보입니다. 1절부터 4절까지는 도움을 청하는 절박한 기도이고, 6절은 원수의 멸망에 대한 확신입니다. 7절부터 10절까지는 믿음 안에서 승리한 사람의 찬양입니다. 시는 절박한 청원으로 시작됩니다.

참으로 하나님, 나를 불쌍히 여겨 주십시오. 불쌍히 여겨 주십시오. 내
영혼이 주님께로 피합니다. 이 재난이 지나가기까지, 내가 주님의 날개
그늘 아래로 피합니다(시 57:1).

'불쌍히 여겨 주십시오'라는 구절과 '피합니다'라는 구절이 반복되
고 있습니다. 그만큼 절박함을 알 수 있습니다. 하나님께 부르짖는 사
람은 그것 외에는 할 수 있는 일이 없기에 부르짖습니다. 다른 가능
성이 다 막힌 상태에서 터져 나오는 외침입니다. 여기서 하나님은 '엘
로힘'의 번역어입니다. 엘로힘이라는 하나님 이름은 대개 인간의 현
실을 무한히 뛰어넘는 초월적인 하나님을 나타낼 때 사용됩니다. 2
절에 나오는 '가장 높으신 하나님'(엘욘 엘로힘)도 마찬가지입니다. 시
인은 하나님께서 개입하셔야만 곤경에서 벗어날 수 있음을 고백하고
있습니다.

'재난이 지나가기까지'라는 구절은 출애굽 전야를 떠올리게 합니
다. 죽음의 천사가 이집트 온 땅을 휩쓸 때 이스라엘 백성들은 오히려
보호를 받았습니다. 주님의 날개가 그들을 감싸 주었기 때문입니다.
시인은 그 광경을 머리에 그리며 주의 날개 그늘 아래로 피하고 있습
니다. 시인은 지금 어떤 상황에 처한 것일까요?

내가 사람을 잡아먹는 사자들 한가운데 누워 있어 보니, 그들의 이는 창
끝과 같고, 화살촉과도 같고, 그들의 혀는 날카로운 칼과도 같았습니다
(시 57:4).

비방하고 헐뜯는 이들로 인해 그는 큰 상처를 입었습니다. 그들은 마치 패거리를 지어 사냥감을 공격하는 사자들 같습니다. 무리를 움직이는 것은 맹목적인 증오일 때가 많습니다. 표적이 정해지면 사정없이 물어뜯습니다. 그들은 세상에 길들여지지 않는 사람들을 유독 미워합니다. 곧은 사람, 맑은 사람은 자기들의 부끄러움을 비추는 거울이기에 싫어합니다.

요즘 국립중앙박물관에서 "한겨울 지나 봄 오듯이—세한(歲寒) · 평안(平安)" 전이 열리고 있습니다. 세한도는 추사 김정희 선생이 제주도에 유배되었을 때, 통역관으로 일하느라 북경을 오가면서 귀한 책을 구해다주곤 하던 제자 이상적을 위해 그려준 그림입니다. '세한도'라는 화제(畫題)는 『논어』 「자한편」에 나오는 '세한연후지송백후조야(歲寒然後知松栢後凋也)'라는 구절에서 따온 것입니다. 날씨가 추워진 뒤에야 소나무와 잣나무가 늦게 시듦을 알 수 있다는 뜻입니다. 나랏님에게 죄를 짓고 유배되었다 하여 사람들이 한결같이 외면하는 세태 가운데 이상적은 위험을 무릅쓰고, 세간의 소문에 아랑곳없이 스승의 처지를 살뜰하게 챙겼습니다. 추사는 고마운 마음을 그 조촐한 그림 속에 담아 변함없는 제자의 마음을 기렸습니다. 이상적은 그 그림을 가지고 북경으로 가서 내로라하는 문인들에게 보이고 감상을 써달라고 부탁했습니다. 그 가운데 반증위(潘曾瑋)의 글귀가 마음을 울립니다.

김군(金君)은 해외의 영재 일찍이 훌륭한 명성을 들었네.
명성은 결국 손상을 입고 문득 세태의 그물에 걸리었네.

도도한 세태의 흐름 속에서 누가 선비의 청빈을 알겠는가.

그의 글 일부이지만 추사에 대한 안타까움이 짙게 배어있는 글입니다. 남들보다 뛰어난 이들은 늘 세태의 그물에 걸리게 마련입니다. 이익에 따라 이리저리 휘둘리는 세태 가운데서 자기 지조를 지키며 살기란 여간 어려운 게 아닙니다. 시인도 같은 처지였던 것 같습니다.

새벽을 깨우는 사람들

아무리 당당한 사람이라 하여도 사방을 포위하듯 죄어오는 세태 앞에서 흔들리지 않을 도리가 없습니다. 시인은 증오심에 사로잡힌 이들의 '창끝과도 같고, 화살촉과도 같고, 날카로운 칼과도 같은 혀'로부터 자기를 지켜줄 방패를 하나님께 청합니다. 그것은 맞서 싸울 날카로운 무기가 아닙니다. "하늘에서 주님의 사랑과 진실을 보내시어, 나를 구원하여 주십시오(3a)." 사랑(hesed)은 언약에 바탕을 둔 사랑입니다. 결혼 서약문 가운데 "슬플 때나 기쁠 때나, 죽음이 그대들을 갈라놓을 때까지 사랑하겠습니까?"라고 묻는 경우가 있습니다. '예'라고 대답하면 그 약속을 지키며 살아야 합니다. 하지만 우리는 그러지 못합니다. 하나님과 맺은 언약 역시 마찬가지입니다. 우리는 하나님과 맺은 언약에 충실하게 살지 못하지만, 하나님은 그 언약에 충실하십니다. 그 사랑이 우리 삶의 주춧돌입니다. 진실(emeth)은 확고함, 신실함, 안정감, 지속성 등의 뜻을 내포합니다. 시인은 자칫하면 똑같은 증오의 늪에 빠져들 수 있는 자기 마음을 하나님의 사랑과 든든함에 붙들어 매려 합니다.

시인이 이처럼 자기 영혼을 사로잡았던 두려움과 절망감, 분노와 어둠에서 눈을 들어 하늘을 바라보자 돌연 그의 속에 빛이 스며들었습니다. 결국 함정을 파는 자들은 스스로 판 함정에 빠져들게 마련이라는 자각이 찾아온 것입니다. 악인들은 결국 아침 햇살에 스러지는 안개와 같은 존재에 불과함을 깨닫자 그의 내면에 든든함이 찾아왔습니다. 그래서 그는 당당하게 말합니다.

> 하나님, 나는 내 마음을 확실히 정했습니다. 나는 내 마음을 확실히 정했습니다. 내가 가락에 맞추어 노래를 부르겠습니다. 내 영혼아, 깨어나라. 거문고야, 수금아 깨어나라. 내가 새벽을 깨우련다(시 57:7-8).

그는 마음을 확실히 정했다고 고백합니다. 마치 다니엘과 세 친구가 뜻을 정하고 살았듯이 그는 죽으나 사나 주님만 의지하고 살기로 작정합니다. 바울 사도도 같은 고백을 했습니다.

> 나에게는, 사는 것이 그리스도이시니, 죽는 것도 유익합니다(빌 1:21).

포구에 들어와 닻을 내린 배처럼 시인의 마음은 이제 흔들리지 않습니다. 하나님의 마음으로 조율되었기 때문입니다. 그는 이제 무기력하게 부르짖는 사람이 아니라 노래하는 사람입니다. 그는 자기 영혼을 깨웁니다. 악기를 연주하며 노래를 부릅니다. 여전히 어둠이 그를 괴롭히지만 그는 더 이상 어둠에 매몰된 사람이 아니라 새벽을 흔들어 깨우는 새벽의 사람입니다. 새벽은 어둠과 밝음 사이 시간입니다. 새벽은 하나님의 은총이 도래하는 시간입니다.

주님의 진노는 잠깐이요, 그의 은총은 영원하니, 밤새도록 눈물을 흘려도, 새벽이 오면 기쁨이 넘친다(시 30:5).

그리하면 네 빛이 새벽 햇살처럼 비칠 것이며, 네 상처가 빨리 나을 것이다. 네 의를 드러내실 분이 네 앞에 가실 것이며, 주님의 영광이 네 뒤에서 호위할 것이다(사 58:8).

믿음의 사람은 막연히 좋은 날을 기다리는 사람이 아니라 새벽을 깨우는 사람이어야 합니다. 세상이 어두우면 등불 하나 밝혀 어둠을 조금 내몰고, 세상이 혼탁하면 맑은 정신으로 세상을 정화해야 합니다. 혐오의 말들이 오가는 세상이지만 따뜻한 말, 살리는 말, 북돋는 말을 해야 합니다. 우리의 무기는 '사랑'과 '진실'이기 때문입니다. Leonard Cohen이 부른 〈Anthem〉에 나오는 가사가 떠오릅니다. "상처가 없는 것은 아무것도 없다. 그 상처를 통해 빛이 스며든다"(There is a crack in everything/That's how the light gets in). 상처를 빛의 계기로 삼는 것이 믿음입니다.

햇살 같은 사람

시인이 처한 상황은 별로 달라진 것이 없습니다. 그러나 그의 마음은 달라졌습니다. 두려움과 우울은 더 이상 지배권을 행사할 수 없습니다. 그는 부르짖는 사람이 아니라 노래를 부르는 사람이고, 어둠에 매몰된 사람이 아니라 새벽을 깨우는 사람입니다. 마침내 그의 입에서 놀라운 고백이 나옵니다.

주님, 내가 만민 가운데서 주님께 감사를 드리며, 뭇 나라 가운데서 노래를 불러, 주님을 찬양하렵니다. 주님의 한결같은 그 사랑, 너무 높아서 하늘에 이르고, 주님의 진실하심, 구름에까지 닿습니다(시편 57:9-10).

시인의 이런 고백이 우리의 고백이 되면 좋겠습니다. 어둡고 암흑했던 시절, 세상의 무게가 온통 우리를 짓누를 때 우리는 신경림 선생님의 시에 기대 만든 노래를 부르며 그 무거움을 털어내곤 했습니다.

너는 햇살 햇살이었다
산다는 일 고달프고 답답해도
네가 있는 곳 찬란하게 빛나고
네가 가는 길 환하게 밝았다.

이 노래에서 '햇살처럼 사람들의 마음을 밝혀주는 너'가 누구인지 모르겠지만, 믿음의 사람은 바로 이런 사람이 되어야 합니다. 그때 비로소 하나님의 영광이 드러날 것입니다.

우리는 잠시 떨어져 있지만 마음은 더욱 가까워져야 합니다. 누군가 '어이' 하고 발신음을 내면 저곳에서 '어이' 하고 응답하면 됩니다. 내가 홀로가 아니라는 사실을 알면, 저편 어딘가에서 아름다운 세상을 만들기 위해 분투하는 동료가 있다는 사실을 알면 우리는 두려움과 외로움에서 벗어날 수 있습니다. 차가워지는 날씨 가운데 더욱 마음이 스산해지는 이들이 홀로가 아님을 느낄 수 있도록 세심하게 마음을 쓰면 좋겠습니다. 짙은 어둠의 세월이지만 새벽을 깨우는 용기를 내십시오. 우리를 통해 이 땅에 오시려는 주님께 기꺼이 몸과 마음을 드리십시오. 주님이 우리 속에 오시는 순간 마치 보잘 것 없는 떨기나무가 빛나는 떨기나무로 변한 것처럼 우리도 그렇게 변할 것입니다. 주님의 은총이 우리를 이끄시기를 빕니다. 아멘.

(2020. 11. 29. 대림절 제1주)

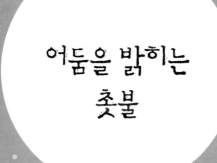

어둠을 밝히는
촛불

그날은 반드시 온다

합 2:1-4

¹내가 초소 위에 올라가서 서겠다. 망대 위에 올라가서 나의 자리를 지키겠다. 주님께서 나에게 무엇이라고 말씀하실지 기다려 보겠다. 내가 호소한 것에 대하여 주님께서 어떻게 대답하실지를 기다려 보겠다. ²주님께서 나에게 대답하셨다. "너는 이 묵시를 기록하여라. 판에 똑똑히 새겨서, 누구든지 달려가면서도 읽을 수 있게 하여라. ³이 묵시는, 정한 때가 되어야 이루어진다. 끝이 곧 온다는 것을 말하고 있다. 이것은 공연한 말이 아니니, 비록 더디더라도 그때를 기다려라, 반드시 오고야 만다. 늦어지지 않을 것이다. ⁴마음이 한껏 부푼 교만한 자를 보아라. 그는 정직하지 못하다. 그러나 의인은 믿음으로 산다."

역사의 격변기

주님의 은총과 평화가 우리 가운데 함께하시기를 빕니다. 대림절 첫째 주일입니다. 촛불 하나를 밝혀놓고 우리 가운데 깃든 어둠이 물러가기를 소망합니다. 대림절은 지금 우리 가운데 오시는 주님을 우리 내면에 그리고 우리의 삶 가운데 모시는 절기입니다. 주님을 모시기 위해서는 먼저 우리 속에 있는 허섭스레기들을 치워야 합니다. 미움, 시기, 다툼, 허영심과 애써 결별해야 사랑과 평화의 왕이신 주님을 모실 수 있습니다. 지금 주님을 맞을 준비가 되어 있습니까? 갈등과 어둠이 깊어가는 시대이기에 주님을 향한 우리의 그리움은 날로 깊어만 갑니다. 주님은 언제든 우리 곁에 다가오고 계십니다. 타고르

의 〈기탄잘리 45〉는 그분의 오심을 이렇게 노래하고 있습니다.

> 당신은 그의 조용한 발자국 소리를 못 들었습니까?
> 그는 오십니다, 오십니다, 늘 오십니다.
> 순간마다 해마다, 날마다 밤마다,
> 그는 오십니다, 오십니다, 늘 오십니다.
> 숱한 노래를 마음의 숱한 느낌에 따라 불러 왔지만
> 그 모든 가락이 언제나 부르짖었던 것은
> '그는 오십니다, 오십니다, 늘 오십니다.'
> 햇빛 밝은 사월의 향긋한 날엔 숲속 오솔길로
> 그는 오십니다, 오십니다, 늘 오십니다.
> 칠월 밤의 비 오는 어둠 속엔 천둥 치는 구름 마차를 타고
> 그는 오십니다, 오십니다, 늘 오십니다.
> 슬픔에 잇따른 슬픔 속에 내 가슴을 밟는 것은 그의 발자국,
> 내 기쁨을 빛나게 만드는 것은
> 그의 발이 밟는 황금의 촉감입니다.*

주전 7세기의 예언자 하박국은 기다림의 사람이었습니다. 하박국
이 살던 시대는 역사적 격변기였습니다. 주전 612년에 아시리아의
수도 니느웨가 바빌로니아와 메디아의 공격을 받아 무너진 후 시리
아-팔레스타인 지역은 힘의 공백기를 맞이하고 있었습니다. 아시리

---

* 타고르/김병익 옮김, 『기탄잘리』(서울: 민음사, 1999), 40.

아는 무너졌고, 바빌로니아 왕국은 그들에까지 손을 뻗치기에는 힘이 부족했던 것입니다. 그때 오랫 동안 아시리아에 눌려 이 지역에 대한 통제권을 잃어버린 채 절치부심하던 이집트가 영향력을 확대하려 했습니다. 하지만 바빌로니아는 그것을 허락하지 않았습니다.

주전 605년경 옛 강대국 이집트와 신흥 강대국 바빌로니아가 유프라테스강 유역의 도시인 갈그미스에서 맞붙었습니다. 그 전투에서 바빌로니아는 이집트를 몰아내는 데 성공했고, 시리아-팔레스타인 지역까지 자기들의 통제하에 둘 수 있게 되었습니다. 갈그미스 전투는 남왕국 유다의 운명을 바꾼 전투이기도 했습니다. 잃어버렸던 옛 영화를 회복할 왕으로 칭송받으며 민중들의 두터운 지지를 받고 있었던 요시야 임금이 이집트 파라오 느고의 북상을 저지하기 위해 나갔던 므깃도 전투에서 죽임을 당했던 것입니다. 그의 죽음과 더불어 유다의 운명은 풍전등화와 같은 신세가 되었습니다. 하박국의 활동 시기는 바로 그 무렵입니다.

하나님의 정의를 묻다

하박국은 하나님이 왜 세상의 불의를 벌하시지 않고 방관하느냐는 물음으로 시작됩니다. 하박국이 살던 시기의 유대 사회는 철저히 무너져 있었습니다. 불의, 약탈과 폭력, 다툼과 시비가 그치지 않았고, 율법은 해이해지고 공의는 시행되지 않았습니다. 악인들이 의인들을 협박하고 정의는 무너졌습니다(1:2-4). 하나님은 하박국에게 갈대아 사람들을 채찍 삼아 유다를 심판하실 것이라고 말씀하십니다. 그러나 예언자는 하나님의 뜻을 납득할 수 없었습니다. 그래서 그는 불퉁거리며 의문을 제기합니다. 그의 백성이 아무리 죄를 지었다기로서니 그들보다 더 악하고 무도한 나라, 자기들의 힘을 신으로 섬기는 나라를 들어 유다를 심판하시는 것이 하나님의 정의에 합당하냐는 것입니다. 악을 보시고 참지 못하시는 분이, 힘으로 사람들을 억압하는 사람들을 왜 그냥 두시느냐는 것입니다.

하박국은 하나님의 답을 들으려고 초소에 올라갑니다. 비장한 결단입니다. 답을 듣지 못하면 내려오지 않겠다는 결의입니다. 그때 하나님이 그에게 응답하셨습니다. 당신이 보여주는 묵시를 기록하여 모든 사람이 똑똑히 볼 수 있도록 하라는 것이었습니다. 그 묵시는 한마디로 '끝이 곧 온다'는 것이었습니다. 하나님이 정하신 시간에 그날은 반드시 온다는 것입니다. '그날'은 물론 힘을 신처럼 숭상하는 나라의 멸망입니다. 지금은 비록 그들 세상처럼 보이지만, 그래서 그들이 기고만장하고 있지만, 그것은 마치 제사를 위해 준비된 제물처럼 희생될 날이 올 것이라는 것입니다. 하나님이 '정한 때'는 출산의 시간과도 같습니다. 무리하게 앞당길 수도 없고, 미룰 수도 없습니다.

이것은 공연한 말이 아니니, 비록 더디더라도 그때를 기다려라. 반드시 오고야 만다. 늦어지지 않을 것이다(2:3b).

의인과 믿음

공의를 굽게 하는 자들, 폭력을 앞세우는 자들, 의인을 억압하는 자들, 마음이 한껏 부푼 교만한 자들, 하나님을 경외하지 않는 자들은 날을 받아놓은 제물 같은 신세에 지나지 않습니다. 가끔 주변에서 민주주의의 퇴행을 마음 아파하면서 낙심하는 이들을 봅니다. 그러나 낙심할 이유가 없습니다. 출애굽의 하나님은 모든 사람을 억압에서 자유로 이끄십니다. 가나안에 이르기 위해서는 광야를 통과해야 했지만, 그 광야야말로 하나님의 백성으로 거듭나는 학교였습니다. 하나님이 살아계심을 참으로 믿는 이들이라면 맥없이 주저앉거나 불퉁거리지 말아야 합니다. 척박한 땅에 생명과 평화의 씨를 뿌려야 합니다. 모든 사람이 각자에게 주어져 있는 삶의 몫을 온전히 누리는 세상을 향한 진군을 멈추지 말아야 합니다. 하나님이 정하신 때가 있을 겁니다.

(2015. 11. 29. 대림절 제1주)

변방에서 시작되는 희망

미 5:2-5

2 "그러나 너 베들레헴 에브라다야, 너는 유다의 여러 족속 가운데서 작은 족속이지만, 이스라엘을 다스릴 자가 네게서 내게로 나올 것이다. 그의 기원은 아득한 옛날, 태초에까지 거슬러 올라간다" 3 그러므로 주님께서는 해산하는 여인이 아이를 낳을 때까지, 당신의 백성을 원수들에게 그대로 맡겨 두실 것이다. 그 뒤에 그의 동포, 사로잡혀 가 있던 남은 백성이, 이스라엘 자손에게로 돌아올 것이다. 4 그가 주님께서 주신 능력을 가지고, 그의 하나님이신 주님의 이름이 지닌 그 위엄을 의지하고 서서 그의 떼를 먹일 것이다. 그러면 그의 위대함이 땅끝까지 이를 것이므로, 그들은 안전하게 살아갈 수 있을 것이다. 5 그리고 그는 그들에게 '평화'를 가져다 줄 것이다.

히스기야 시대의 어둠

주님의 은총과 평화가 우리 가운데 함께하시기를 빕니다. 대설을 지나 동지를 향해 나아가면서 밤이 더욱 길어지고 있습니다. 그렇기에 빛으로 오시는 주님을 더욱 기다리게 됩니다. 삶이 분주하기는 하지만 주님을 모실 여백을 마련하기 위해 애쓰고 계시는지요? 정리 수납의 달인들은 옷가지를 정리하려면 일단 서랍에서 옷가지를 다 끄집어 내놓고 보라 하더군요. 마음도 마찬가지일 겁니다. 지금 우리 마음을 가득 채우고 있는 것이 무엇인지를 꼼꼼하게 살필 필요가 있습니다. 그런 후에 버릴 것은 버리고, 붙잡아야 할 것은 꼭 붙잡아야 합니다. 버리지 못해 우리 삶이 무겁습니다. 주님을 기다리는 이들은 자꾸만 자기를 비워 주님이 앉으실 자리를 마련해야 합니다. '님이 오신다'는 전갈은 이미 왔는데, 아직도 우리는 잠에서 깨어나지 못하고 있는 것은 아닌지요?

오늘은 주전 8세기의 예언자인 미가와 더불어 하나님으로부터 도래하는 희망 이야기를 나누고 싶습니다. 미가라는 이름은 '누가 야훼와 같은가'라는 뜻의 '미가야'의 축약형입니다. 미가는 하나님 앞에서 진실하게 살고 있는가를 묻는 기호로 사람들 앞에 선 사람입니다. 미가가 활동하던 시기는 아시리아 제국이 세력을 확장하여 근동 세계를 복속시키기 위해 전쟁을 벌이던 혼란기였습니다. 유다 왕 히스기야는 아시리아의 확장 정책에 반기를 들었습니다. 그러자 아시리아의 산헤립은 대군을 이끌고 유다를 침공해 46개의 성읍을 초토화시켰습니다. 천혜의 방어 기지이던 예루살렘 남부의 라키시(Lachish)도 무너졌습니다. 유다는 풍전등화의 상황에 몰렸는데, 아시리아 진영의 자중지란으로 위기에서 벗어날 수 있었습니다. 역대기서의 기자는 히스기야의 절박한 기도를 들으신 하나님께서 한 천사를 보내셔서 아시리아 진영의 모든 용사와 지휘관과 장군들을 다 죽였다고 기록하고 있습니다(대하 32:21).

사람들이 막 한숨을 돌리고 있을 때 미가는 위기가 끝난 것이 아니라고 선언합니다. 미가는 머지않아 예루살렘이 초토화될 것이라고 말합니다. 유다의 지도층들의 삶이 변하지 않는 한 위기는 지속될 수밖에 없다는 것입니다. 백성들을 세심하게 돌보아야 할 지배층들은 자기 배를 불리는 데만 열심일 뿐이었습니다. 미가는 그들을 일러 "정의를 미워하고 올바른 것을 그릇되게 하는 자들"(미 3:9)이라 일컫습니다. 그들은 백성을 죽이고서 그 위에 시온을 세우는 자들입니다. 지도자라는 이들은 뇌물을 받고서야 다스리고, 제사장들은 삯을 받고서야 율법을 가르치고, 예언자들은 돈을 받고서야 계시를 밝힙니다. 정치, 종교 가릴 것 없이 총체적으로 타락한 것입니다. 그들은 자기 배를 하나님으로 섬기는 자들입니다. 그러면서도 그들은 주님께서 자기들과 함께 계신다고 큰소리를 칩니다. 하나님이 계시니 재앙이 닥칠 리 없다고 말합니다. 듣기에는 좋을지 몰라도 그것은 진실이 아닙니다. 그렇기에 미가는 직접 하나님의 뜻을 전합니다. 듣거나 아니 듣거나 그는 외칩니다.

바로 너희 때문에 시온이 밭 갈 듯 뒤엎어질 것이며, 예루살렘이 폐허더 미가 되고, 성전이 서 있는 이 산은 수풀만이 무성한 언덕이 되고 말 것이다(미 3:12).

"주님께서 우리와 함께 계시다"라는 지도층들의 호언장담은 "바로 너희 때문에"라는 책망 앞에서 무색해지고 맙니다. "바로 너희 때문에." 미가를 통해 전달된 하나님의 뜻은 명백합니다. 백성들의 삶이 그들보다 낫다는 것이 아닙니다. 그들도 자기중심적이고 기회만 된다면 자기 이익을 확보하기 위해 노력할 것입니다. 죄 가운데 살고 있는 이들의 어쩔 수 없는 한계입니다. 그렇기에 지도층의 솔선수범이 참 중요합니다. 그들은 사람들에게 아름다운 세상의 비전을 내놓고 그 세계를 열기 위해 자기희생을 감행해야 합니다. 자기 희생은커녕 남을 희생시킬 방안 찾기에 골몰하는 이들로 인해 지금 우리 사회도 뿌리로부터 흔들리고 있습니다. 주어진 역할을 특권으로 이해하는 이들로 인해 사회적 결속력은 약화되곤 합니다. 그런 세상은 해체를 앞둔 세상입니다.

우주적 평화

그러나 미가는 역사의 주인이 하나님이라는 사실을 잊지 않습니다. 세상이 잠시 혼돈 속에 빠져드는 것처럼 보여도 하나님의 구원 의지를 무산시킬 수는 없습니다. 미가는 위대한 비전을 보았습니다. 세상의 모든 나라가 주님의 성전이 있는 산으로 몰려드는 비전 말입니다. 그들은 서로를 격려하며 말합니다. "주님께서 우리에게 주님의 길을 가르치실 것이니, 주님께서 가르치시는 길을 따르자"(미4:2b). 미가가 바라보는 세상은 진리가 왕 노릇하는 세상입니다. 기미독립선언서에서 천명한 대로 '힘의 시대'는 가고 '도의 시대'가 올 것이라는 것입니다. 모든 백성이 하나님의 말씀에 귀를 기울이고 그 말씀을 따르려고 애쓰는 세상! 미가는 그런 세상을 내다보고 있습니다. 비슷한 시기의 예언자 이사야가 이리와 어린 양이 함께 살고, 표범이 새끼 염소와 함께 눕는 세상을 꿈꾸었던 것과 같습니다. 하나님을 믿는 이들은 때로는 몽상가처럼 보입니다. 강력한 힘이 충돌하는 세상에서 이런 어처구니없는 꿈을 꾸니 말입니다. 하지만 믿음의 길은 이런 것입니다. 미가는 하나님께서 민족들 사이의 분쟁을 판결하실 것이라고 말합니다. 그리고 그 유명한 비전을 제시합니다.

> 나라마다 칼을 쳐서 보습을 만들고 창을 쳐서 낫을 만들 것이며, 나라와 나라가 칼을 들고 서로를 치지 않을 것이며, 다시는 군사 훈련도 하지 않을 것이다(미 4:3).

꿈같은 이야기입니다. 전쟁과 테러의 소식이 끊이지 않는 오늘의 세계에서도 예언자들의 이 꿈은 유효합니까? 어리석어 보여도 믿는 이들은 이 꿈에 붙들려 살아야 합니다. 누군가를 미워하는 힘보다 사랑하려는 힘이 더 크다는 사실을 삶으로 입증해야 합니다. 칼과 창보다 더 강력한 것이 사랑과 돌봄과 이해임을 보여주어야 합니다. 상대를 제거하기 위한 전쟁은 또 다른 전쟁을 부를 뿐입니다. 미가는 사람들이 자기 포도나무와 무화과나무 아래 앉아서 평화롭게 사는 세상, 아무런 위협도 받지 않는 세상이 도래할 거라고 말합니다. 그것은 미가라는 개인 속에서 탄생한 공상이 아닙니다. 하나님이 주신 꿈입니다. 우리가 해야 할 일이 있다면 바로 그런 세상을 만들기 위해 우리 속에 있는 거친 것, 날카로운 것을 제거하는 일입니다.

김준태 시인은 〈국밥과 희망〉에서 아프게 희망을 노래합니다. 시인은 도무지 희망이 없는 것처럼 보이는 현실 속에서 따뜻한 국밥을 먹으면서 자기 마음을 가다듬는다고 말합니다.

어느 날 갑자기
수백 대의 이스라엘 폭격기가
이 세상천지 곳곳을
납작하게 때려눕힌다 해도
서베이루트처럼 짓밟아 버린다 해도
국밥을 먹으며 나는 신뢰한다
국밥을 먹으며 나는 신뢰한다
인간은 결코 절망할 수 없다는 것을
인간은 악마와 짐승이 될 수 없다는 것을
나는 노래하고 즐거워한다

국밥을 먹는다는 말은 삶이 아무리 힘겨워도 지속되어야 한다는 사실을 가리킵니다. 시인은 인간에 대한 신뢰가 무너지고 있는 현실이지만 인간은 짐승이나 악마가 될 수 없다고 굳게 믿으려 합니다. 현실을 모르지는 않습니다. 하지만 그런 현실을 넘어설 수 있는 것이 인간 정신의 위대함입니다. 그는 오늘 우리가 처한 현실을 냉소하지 않습니다. 노래하고 즐거워하면서 역사의 부정성을 극복하려 합니다. 이게 바로 믿음입니다. 김준태 시인은 〈인간은 거룩하다〉라는 시에서 "오오, 새벽에 깨어나면 그대여/우리 이제 흐르는 강물에 발을 적시며/강건너 마을 사람들을 찾으러 나가자/우리 이제 땅 위의 칼들을 녹슬게 하고/바람이 어찌하여 불어오는가를 귀 기울이자"고 노래합니다. 우리의 '강건너 마을 사람들'은 누구입니까? 서 있는 입장이 다른 사람들, 마음으로 용납하기 어려운 사람들이 아닙니까? 그들과 만나지 않고는 서로를 이해할 수도 없고, 화해할 수도 없습니다. 평화는 마음을 열고 만나는 일에서 시작됩니다.

베들레헴 에브라다

다시 미가에게로 돌아가겠습니다. 5장에 이르러 미가는 성탄 시기마다 인용되곤 하는 말씀을 들려줍니다.

그러나 너 베들레헴 에브라다야, 너는 유다의 여러 족속 가운데서 작은 족속이지만, 이스라엘을 다스릴 자가 네게서 내게로 나올 것이다. 그의 기원은 아득한 옛날, 태초에까지 거슬러 올라간다(미 5:2).

베들레헴 에브라다에서 새로운 세상이 시작될 것이라는 말입니다. 베들레헴은 물론 다윗의 고향입니다. 베들레헴이라는 단어만 썼더라면 사람들은 자연스럽게 다윗 가문에서 태어날 위대한 왕을 떠올렸을 것입니다. 하지만 미가는 '베들레헴'에 '에브라다'라는 말을 겹쳐서 쓰고 있습니다. '에브라다'는 '에브랏 사람들의 땅'입니다. 에브랏은 야곱의 아내인 라헬이 묻힌 곳이기도 합니다. 그곳은 위대한 비전과 아픔이 공존하는 곳입니다. 그런데 '너 베들레헴 에브라다야'라는 호명 이후에 그 도시를 일컫는 다른 표현이 등장합니다. '유다의 여러 족속 가운데서 작은 족속'이라는 것입니다. 도시의 규모 혹은 인구가 적다는 말일까요? 그럴 수도 있겠습니다. 하지만 그렇다면 굳이 그런 표현을 써야 할 필요가 있었을까요? 저는 '작다'라는 말은 '보잘것없다'라는 말로 받아들여야 한다고 생각합니다. 미가는 베들레헴에 대한 사람들의 기대를 수용하는 한편 베들레헴의 새로운 의미에 주목합니다. 그곳은 보잘것없는 곳, 사람들이 주목하지 않는 곳, 변방입니다. 새로운 역사는 늘 변방에서 시작되는 법입니다. 세상의 모순이 집결되는 곳, 그래서 세상이 왜 이 모양이냐며 새로운 세상에 대한 꿈이 잉태되는 곳 말입니다.

신영복 선생님은 '중심부'는 '변방'의 자유로움과 창조성이 없기 때문에 역사적으로 반드시 무너지게 되어 있다고 말합니다. 물론 그 과

정은 더디고 완만합니다. 그렇기에 너무 결과에 연연하지 말고 과정 자체를 즐길 수 있어야 한다는 것입니다. 그는 큰 아픔은 함께 짊어지고, 소소한 기쁨을 같이 나눌 이웃을 만들라고 권고합니다. 신영복 선생은 그것을 '더불어 숲 정신'이라 지칭합니다. 홀로는 숲을 이룰 수 없습니다. 작은 도시 베들레헴 에브라다야말로 새로운 세상이 시작되기에 적합한 장소입니다.

저는 호주에 가본 적이 없지만 호주 여행을 가는 이들이 꼭 보고 싶어 하는 것이 북부에 있는 거대한 모래 바위인 에어즈록(Ayers Rock)입니다. 약 6억 년 전에 생성되었는데 단일 바위로는 세계 최대 규모라고 합니다. 둘레를 걷는 데 4시간 정도가 걸린다니 엄청납니다. 평원에 우뚝 서 있는 그 바위는 매우 신비롭게 보입니다. 호주 원주민들은 그곳을 울룰루(Uluru)라고 부르며 신성하게 여긴다고 합니다. 호주 원주민의 말로 '울룰루'는 '그늘이 지난 장소'라는 뜻이라고 합니다. 왠지 시적으로 느껴지는 이름입니다. 지난 12월 2일에 저를 찾아온 호주 교민이 건네주신 에세이집에서 읽은 내용입니다. '그늘이 지난 장소'에 대한 이야기 끝에 그분은 그늘 속에 무엇이 사는지를 묻습니다.

그늘 속에는 슬픔, 아픔, 고픔이라는 세 결핍이 산다. 이 세 '픔'은 저마다의 품계를 지닌다. 슬픔이라는 축축한 물기, 아픔이라는 명료한 통각, 고픔이라는 허기진 느낌들. 그사이에 헤아릴 수 없는 픔의 징후가 수많은 징검다리처럼 놓여 있다. 마치 검은빛과 흰빛 속에 존재하는 무수한

빛들의 슬픈 잔치같이.*

무슨 말인지 명료하게 이해하기는 쉽지 않지만 뭔가 얼얼한 느낌
이 드실 겁니다. 인생은 '슬픔, 아픔, 고픔'이라는 결핍을 견디면서 걸
어가는 길이라는 뜻일 겁니다. 저자는 사랑하는 남편과 아들을 잃는
슬픔을 겪었습니다. 그렇기에 더욱 절절합니다. 그늘이 지난 땅에 당
도하기까지는 꽤 먼 길을 걸어야 할지도 모르겠습니다. 하지만 '이스
라엘을 다스릴 자', 더 나아가 온 세상을 다스릴 분은 슬픔, 아픔, 고픔
을 아는 분입니다. 히브리서 기자는 "우리의 대제사장은 우리의 연약
함을 동정하지 못하시는 분이 아닙니다"(히 4:15)라고 말합니다.

하나님이 요구하시는 것

미가는 자기들이 직면하고 있는 현실을 해산이 가까운 여인의 처
지에 빗대고 있습니다. 백성들의 처지는 여전히 위태롭습니다. 적들
의 압박 또한 여전합니다. 하지만 새로운 날은 기어코 올 것이고, 그
의 기원이 태초에까지 거슬러 올라가는 분이 주님의 능력을 가지고
통치하실 것입니다. 그의 통치 안에서 사람들은 '평화'를 누리게 될 것
입니다. 우리는 지금 그런 분을 기다리고 있습니다. '그의 기원이 태초
에까지 거슬러 올라가는 분' 다시 말해 하나님과 잇대어 있는 분 말입

---

* 남홍숙, 『흔들어도 흔들리지 마』(서울: 도서출판 문학관, 2015), 81-82.

니다. 그분을 기다리는 이들은 어떤 마음으로 살아야 할까요? 하나님을 등지고 살던 삶에서 벗어나 하나님을 향하여 나아가야 합니다. 하나님께 나아가는 이들에게 요구되는 것은 무엇입니까? 미가는 세 가지로 요약하고 있습니다. 공의를 실천하는 것, 인자를 사랑하는 것, 겸손하게 하나님과 함께 행하는 것(미 6:8)이 그것입니다.

공의가 무너진 세상에서 공의를 실천한다는 것은 위험한 일입니다. 하지만 그런 위험을 무릅쓰는 이들이 있어 세상은 조금씩 정의의 길로 나아갑니다. 제 한 몸 간수하기도 어려운 세상에서 사람들을 자비로 대하고 감싸 안는다는 것은 참 힘겨운 일입니다. 하지만 그 일을 소홀히 하면 우리가 참사람이 될 가능성이 점점 줄어들게 됩니다. 이 덧거친 세상에서 하나님과 함께 행하는 것은 어리석은 일처럼 보일 수도 있습니다. 하지만 믿음이란 기꺼이 그런 어리석음을 받아들이는 것입니다. 주님을 진정으로 기다린다는 것은 바로 이런 일 속에 뛰어드는 일임을 잊지 마십시오. 어둠이 깊을수록 등불 하나를 밝혀 드는 이들이 더욱 필요합니다. 우리는 바로 그 일을 위해 부름 받은 사람들입니다. 이 거룩한 소명에 기쁨으로 응답하며 살기를 빕니다. 아멘.

(2015. 12. 13. 대림절 제4주)

회복의 약속

렘 33:6-9

⁶그러나 보아라 내가 이 도성을 치료하여 낫게 하겠고 그 주민을 고쳐 주고 그들이 평화와 참된 안전을 마음껏 누리게 하여 주겠다. ⁷내가 유다의 포로와 이스라엘의 포로를 돌아오게 하여, 그들을 옛날과 같이 다시 회복시켜 놓겠다. ⁸나는 그들이 나에게 지은 모든 죄악에서 그들을 깨끗이 씻어 주고 그들이 나를 거역하여 저지른 그 모든 죄를 용서하여 주겠다. ⁹그러면 세상 만민이 내가 예루살렘에서 베푼 모든 복된 일들을 듣게 될 것이며 예루살렘은 나에게 기쁨과 찬양과 영광을 돌리는 이름이 될 것이다. 그리고 내가 이 도성에 베풀어 준 모든 복된 일과 평화를 듣고 온 세계가 놀라며 떨 것이다.

어쩌자고 분쟁의 씨를 심는가?

주님의 은총과 평화가 우리 가운데 임하시기를 빕니다. 대림절 둘째 주를 맞으면서 다시 오실 주님에 대한 갈망도 깊어갑니다. 냉소와 우쭐거림이 넘치는 세상에 사느라 우리는 지쳤습니다. 얼굴빛 환하고, 마음 따뜻한 사람들이 그리운 나날입니다. 하나님은 질서를 창조하시지만 사람은 혼돈을 지어냅니다. 창조의 역행입니다. 며칠 전 트럼프 미국 대통령은 국제사회의 우려에도 불구하고 예루살렘을 이스라엘의 수도로 인정한다고 선언했습니다. 유대교, 기독교, 이슬람 등 3대 종교의 성지인 예루살렘은 언제나 분쟁의 불씨를 안고 있습니다. 이스라엘은 1967년에 일어난 제3차 중동전쟁을 통해 요르단에 속했던 동예루살렘을 자국의 영토로 복속시켰습니다. 팔레스타인 사람들은 지금도 동예루살렘을 돌려받아 자국의 수도로 삼으려는 꿈을 간직하고 있습니다. 지금까지 예루살렘은 국제사회의 노력으로 아슬아슬한 질서의 균형을 유지해 왔습니다. 그런데 트럼프는 그 균형을 뒤흔들고 있는 것입니다. 질서를 무너뜨리고 혼돈을 만드는 까닭은 무엇일까요? 전문가들은 러시아의 미국 대선 개입에 대한 수사가 자신에게 불리하게 전개되자, 세인의 관심을 다른 데로 돌리게 하는 동시에, 지지층의 결집을 유도하기 위한 것이라고 분석하고 있습니다. 기독교 복음주의자들과 보수적인 유대교 유권자들에게 어필하기 위해서 그는 화약고에 불을 지른 셈입니다. 치밀한 계산에서 한 발언이라는 말입니다.

그러나 사람들은 트럼프의 이번 선언이 과격한 이슬람주의 무장 집단에게 투쟁의 명분을 주는 일이라고 우려합니다. 이미 도처에서 그런 선언에 항의하는 시위가 벌어졌고, 벌써 이스라엘군의 발포로 몇 명의 사망자가 났습니다. 제3차 인티파다(intifada, 봉기)가 일어날지도 모르겠습니다. 자기 이익을 위해 이런 위기를 초래하는 트럼프를 보면서 호세아의 말이 떠올랐습니다. "이스라엘이 바람을 심었으니, 광풍을 거둘 것이다"(호 8:7). 그런 광풍이 불어오면 결국 많은 생명이 죽거나 다치게 될 것입니다. 하나님은 사람들을 죽음의 벼랑으로 내몰면서 자기 이익을 확보하려는 이들을 결코 용납하시지 않을 것입니다.

미국의 기독교 평화주의 잡지인 *Sojourners*(소저너스)는 2018년 신년호 특집을 트럼프 시대를 살아가는 기독교인들이 견지해야 할 '냉철한 희망'(relentless hope)으로 잡았습니다. 시대의 어둠에 굴복하지 않으려면 냉철하게 시대를 바라보며 믿음을 견지하는 연습이 필요하다는 내용입니다. 날마다 혼돈을 빚어내는 이들이 있습니다. 공포와 두려움을 빚어내 자기 이익을 확보하려는 이들입니다. 이런 때일수록 믿는 이들은 하나님의 마음과 깊은 접속을 유지하면서 희망을 파종해야 합니다. 로마의 폭정이 사람들의 소박한 꿈을 유린하고 있던 시대에, 예수님은 하나님의 나라를 선포하며 사람들 앞에 모습을 드러내셨습니다. 예수님은 힘에 의한 지배가 정당화되고 있던 시대를 향해 '아니오'라고 외치신 분입니다. 주님은 당신의 삶과 죽음을 통해 세상의 어떤 힘으로도 앗아갈 수 없는 영혼의 웅장함을 드러내셨습니다. 우리는 지금 그런 예수님의 마음이 우리 마음에 가득 차기를 기다립니다. 지난 수요일 떼제 기도회에서 함께 불렀던 찬양이 자꾸 떠오릅니다. "우리는 예수를 바라봅니다. 우리의 주님을 바라봅니다" 그저 바라보는 것이 아니라, 주님의 그 철저하고 확고한 희망이 우리 가슴에 인장처럼 새겨지기를 바랄 뿐입니다.

참된 안전

오늘 본문은 예레미야가 근위대 뜰에 갇혀 있을 때 임한 주님의 말씀입니다. 예레미야에게 하나님은 "땅을 지으신 주님, 그것을 빚어서 제자리에 세우신 분"(렘 33:2)입니다. 도성이 파괴되고 수많은 사람이 바빌론에 끌려갈 것이 불을 보듯 분명한 그때에 사람들은 땅에 가득한 절망과 어둠에 사로잡히지만, 예레미야의 시선은 온전히 하나님을 향하고 있습니다. 고단한 현실을 도피하기 위함이 아닙니다. 현실을 냉철하게 꿰뚫어 보기 위함입니다. 땅의 현실에만 몰두할 때는 희망은 보이지 않습니다. 예레미야는 전쟁으로 인한 파괴와 약탈을 피하기 어렵다는 사실을 정직하게 인정합니다. 하지만 그는 시련의 풍랑 너머에서 들려오는 희망의 소식을 듣습니다.

그러나 보아라, 내가 이 도성을 치료하여 낫게 하겠고, 그 주민을 고쳐 주고, 그들이 평화와 참된 안전을 마음껏 누리게 하여 주겠다(렘 33:6).

비록 지금은 암담한 처지에 빠져 있다 해도, 절망의 심연으로 자꾸 빨려 들어가는 것처럼 느껴져도, 이런 희망이 가슴에서 식지 않는다면 힘겨운 시간을 견뎌낼 수 있습니다. 믿음의 사람들은 그 희망을 가슴에 품는 사람들입니다. 세상을 만드시고, 혼돈을 질서로 바꾸시는 하나님을 향해 '아멘' 하는 것, 허무와 쓸쓸함이 우리 가슴에 안개처럼 밀려와도 사람다운 삶을 포기하지 않는 것이야말로 우리에게 주어진 과제입니다.

하나님은 상처 입은 도성을 치료하여 낫게 하시겠다 말씀하셨습니다. 그 상처는 바빌론과의 전쟁에서 입은 것이지만, 그 뿌리는 훨씬 더 깊은 곳에 있습니다. 마치 몸과 마음에 쌓인 습관이 고착화되고 그것이 굳어져 질병이 되는 것과 유사합니다. 하나님이 그 도성을 치료하신다는 말은 단순히 도성의 외적인 회복만을 가리키는 것이 아닙니다. 건물을 새로 짓고, 도로를 정비하는 것만으로 세상이 새로워지지 않습니다. 문제는 토대입니다. 토대가 흔들리지 말아야 합니다. 세상을 공의와 정의의 토대 위에 세우신 하나님, 인애와 긍휼로 세상을 다스리시는 하나님의 마음이야말로 새로운 역사의 토대입니다. 그 마음을 품고 살 때 우리를 사로잡는 두려움이 사라집니다.

제 욕심 차리기 위해 남의 사정 돌보지 않는 무정한 마음이 분쟁을 낳고, 그 분쟁은 마음의 안식을 앗아가고, 불안한 마음은 타자에 대한 의구심을 더욱 크게 만듭니다. 이웃은 함께 살아가라고 하나님께서 보내주신 선물이 아니라, 나의 행복을 빼앗아갈지도 모르는 잠재적 적으로 인식됩니다. 이런 마음들이 부딪치는 곳에 평화가 있을 수 없습니다. 트럼프 미국 대통령이 무슬림 혐오를 부추기는 동영상을 리트윗해서 논란거리가 되었다는 보도를 보았습니다. 배제와 혐오를 통해 그가 얻으려는 것이 무엇일까요? 안전은 분명 아닙니다. 평화와 참된 안전은 무시와 배제와 힘의 우위를 통해 오지 않습니다. "물이 바다를 채우듯, 주님을 아는 지식이 땅에 가득"(사 11:9)할 때 주어집니다.

회복시키소서

그러나 에덴의 동쪽에서 살아가는 우리는 불안의 운명을 타고난 것 같습니다. 삶은 늘 위태롭고, 소박한 행복의 꿈은 늘 저만치 떨어져 있습니다. 거리를 거니는 사람들을 봅니다. 해처럼 밝은 얼굴을 만나기 어렵습니다. 저마다 얼굴에 수심이 드리워 있습니다. 가엾기 이를 데 없습니다. 사람들은 언제든지 뻣성을 낼 만반의 준비를 하고 사는 것 같습니다. 다른 이들에 대한 허용치가 너무 적습니다. 맑고 밝게 웃지 못합니다. 정신의 복원력이 너무 약해져서 작은 자극에도 넘어지곤 합니다.

어떤 의미에서 우리는 모두 보이지 않는 감옥에 갇힌 채 살고 있습니다. 경쟁을 내면화하고 살다보니 한순간도 마음이 편치 않습니다. 무시당하기 싫어 허세를 부리기도 합니다. 그러면 그럴수록 마치 거미줄에 걸린 곤충처럼 몸과 마음이 더욱 확고하게 욕망의 밧줄에 얽

혀듭니다. 비극은 거기서 그치지 않습니다. 욕망의 눈으로 세상을 바라보는 순간 세상은 더 이상 하나님의 신비가 드러나는 장소가 아닙니다. 장엄한 세계가 사라진 자리에는 이익과 손해를 다투는 이들의 아귀다툼만 남습니다. 더 심각한 문제는 이런 참상을 알아차리는 사람은 많지 않다는 사실입니다. 시인 신동엽은 〈누가 하늘을 보았다 하는가〉라는 시에서, 많은 사람이 먹구름을 그리고 지붕을 덮은 쇠항아리를 하늘로 알고 산다고 탄식합니다. 시인은 우리 마음속의 구름을 닦고, 머리를 뒤덮은 쇠 항아리를 찢을 때 비로소 사람은 '티 없이 맑은 영원의 하늘'을 볼 수 있다고 말합니다. 그때 우리를 사로잡는 것이 바로 외경심과 연민입니다. 그런데 우리는 무력합니다. 먹구름을 닦지도 못하고 쇠항아리를 찢지도 못합니다. 그렇기에 주님의 도우심을 청하지 않을 수 없습니다.

> 나는 그들이 나에게 지은 모든 죄악에서 그들을 깨끗이 씻어 주고, 그들
> 이 나를 거역하여 저지른 그 모든 죄를 용서하여 주겠다(렘 33:8).

하나님은 우상에게 절하고, 주님의 말씀을 외면하며 살았던 이스라엘이 바빌론에 의해 부끄러움을 당하도록 하셨지만, 그렇다고 하여 하나님의 언약을 무효로 선언하지는 않으십니다. "내가 너희를 두고 계획하고 있는 일들은 재앙이 아니라 번영이다. 너희에게 미래에 대한 희망을 주려는 것이다"(렘 29:11). 이게 하나님의 마음입니다.

욕망의 바빌론 포로 생활에 지친 우리에게도 지금 씻음과 용서의

약속이 주어졌습니다. 지난날 우리의 삶이 비록 부끄러움뿐이라 해도, 주님은 은총의 날개를 펴 우리를 안으십니다. 하나님의 마음을 아프게 해 드린 우리지만, 주님은 우리를 용납하시고 긍휼히 여겨주십니다. 문제는 씻음 받고 용서받은 이후의 삶입니다. 더 이상 옛 삶의 인력에 속절없이 끌려가지 않아야 합니다. "나를 두고 떠나려는가?" 하고 묻는 옛 삶의 습관들과 과감하게 결별해야 합니다. 그래서 더 이상 노예가 아니라 자유인으로 살아야 합니다. 아브라함 조수아 헤셸은 자유인으로 태어나 노예로 사는 것을 일러 '타락'이라고 말했습니다. 자유롭게 일하고, 자유롭게 사랑하고, 자유롭게 삶을 경축할 때 그리고 자유를 위협하는 일절 억압에 대해 단호하게 '아니오'라고 말할 때 주님은 우리를 통해 영광 받으실 것입니다. 우리가 참 자유인답게 살 때 세상 만민이 하나님의 영광을 볼 것이고, 하나님께 기쁨과 찬양과 영광을 돌릴 것입니다.

평화의 꿈

예레미야는 그렇게 회복된 세상의 꿈을 아주 소박한 언어에 담아 전합니다. 거창한 꿈이 아닙니다. 세계 최고가 된다든지, 모든 사람 위에 군림하는 것이 참된 행복이 아닙니다. 너무 시시하게 느껴질지도 모르겠습니다. 예레미야는 "지금은 황폐하여 사람도 없고 짐승까지 없는 이곳과 이 땅의 모든 성읍에, 다시 양 떼를 뉘어 쉬게 할 목자들의 초장이 생겨날 것"이라면서 그 땅 도처에서 목자들이 그들이 치는 양을 셀 것이라고 말합니다. 이것이 농촌 지역의 풍경이라면 도시의 풍경은 조금 다릅니다. 그는 유다의 성읍들과 예루살렘의 거리에서 들려올 생활의 소음을 실감나게 전해줍니다.

> 환호하며 기뻐하는 소리와 신랑 신부가 즐거워하는 소리와 감사의 찬양 소리가 들릴 것이다. 주의 성전에서 감사의 제물을 바치는 사람들이 이렇게 찬양할 것이다. '너희는 만군의 주님께 감사하여라! 진실로 주님은 선하시며, 진실로 그의 인자하심 영원히 변함이 없다'(렘 33:11).

저는 성경에서 이 대목에 이를 때마다 가슴이 먹먹해집니다. 너무나 평범한 말입니다. 평온할 때 우리가 누리는 일상의 풍경입니다. 지금 여기서 사랑하는 이들과 함께 먹고 마시면서, 함께 웃고 기뻐하고, 하나님을 찬양할 수 있다는 것이야말로 하나님의 은총입니다. 특별한 계시나 은총을 바라는 이들이 있습니다. 왜 그런 특별한 것이 필요합니까? 지금 내 곁에 있는 사람이 하나님이 보내신 사람입니다. 지금 우리가 해야 할 일이 하나님이 명하신 일입니다.

거리에서 아우성치거나 울부짖지 않아도 되는 세상, 폭탄의 파열음과 전투기의 굉음이 들리지 않는 세상, 테러로 인해 죽어가는 사람들의 신음 소리가 들려오지 않는 세상, 가족을 잃은 이들의 비통한 울음소리가 사라진 세상, 우리는 그런 세상을 꿈꿉니다. 하지만 그런 세상은 저절로 오지 않습니다. 그런 세상을 이루기 위해 피와 땀과 눈물을 흘리는 이들의 헌신을 통해 옵니다. 지금 우리 곁에 오시는 주님은 연약한 자의 모습으로 오십니다. 매년 이맘때면 떠오르는 이현주 목사님의 시가 있습니다.

나를 둘러 당신의 옷으로 삼으소서
알몸으로 오시는 임이여
지난날 나사렛 예수라는 옷을 입고
가난한 호숫가를 거니셨듯이
오늘은 나를 당신의 옷으로 두르시고
동강난 이 강산에 오십시오

알몸으로 오시는 주님의 옷이 되려는 사람들, 마음 시린 사람의 이불이 되려는 사람들, 주님의 꿈을 이루기 위해 애쓰는 이들을 통해 세상은 조금씩 착한 사람들이 살기 쉬운 곳으로 변할 것입니다. 주님은 오늘도 머무실 곳이 없어 외로우십니다. 이 자리에 있는 이들의 마음이, 가정이 그리고 우리 교회가 주님이 마음 편히 머무시는 거룩한 장소가 되기를 기원합니다. 아멘.

(2017. 12. 10. 대림절 제2주)

용기를 내라

시 31:19-24

¹⁹주님을 경외하는 사람에게 주시려고 주님께서 마련해두신 복이 어찌 그리 큰지요? 주님께서는 주님께로 피하는 사람들에게 복을 베푸십니다. ²⁰사람들이 보는 앞에서 복을 베푸십니다. 주님은 그들을 주님 날개 그늘에 숨기시어 거짓말을 지어 헐뜯는 무리에게서 그들을 지켜주시고, 그들을 안전한 곳에 감추시어 말다툼하는 자들에게 건져주셨습니다. ²¹주님. 내가 주님을 찬양합니다. 내가 포위당했을 때에 주님께서 나에게 놀라운 은총을 베푸셨기에 내가 주님을 찬양합니다. ²²내가 포위되었을 그때 나는 놀란 나머지, "내가 이제 주님의 눈 밖에 났구나" 생각하며 좌절도 했지만, 주님께서는 내가 주님께 부르짖을 때에는, 내 간구를 들어주셨습니다. ²³주님을 믿는 성도들아 너희 모두 주님을 사랑하여라. 주님께서 신실한 사람은 지켜주시나 거만한 사람은 가차 없이 벌하신다. ²⁴주님을 기다리는 사람들아, 힘을 내어라. 용기를 내어라.

인생은 기다림

지금도 우리 가운데 오시는 참 좋으신 주님의 은총과 평강이 여러분의 마음과 생각과 가정과 일터에 가득하시기를 빕니다. 저는 지난 주간에 보스턴에서 열렸던 리뉴 집회를 인도하고 왔습니다. '리뉴'(renew)라고 하는 말은 '새롭게 하다'라는 뜻을 가짐과 동시에 '리바이브'(revive)와 상통되는 말로서 '다시금 되찾다'라는 뜻으로도 쓰입니다. 보스턴의 리뉴 집회는 보스턴을 비롯한 뉴잉글랜드 지역에 '다시금' 복음의 물결이 일어나기를 바라는 집회였습니다. 그곳에 모인 오백여 명의 청년들과 함께 은혜를 나누는 시간이 되었습니다. 세상 어디를 가든지 하나님의 뜻대로 살기 위해 애를 쓰고 있는 사람들이 있다는 것, 그것을 확인하는 것만으로도 우리의 내면에 용기가 차오르는 그런 일이었습니다. 저는 그 뜨거운 열정을 바라보며 강사로 사흘 동안 섬기는 동안 그분들이 지향해야 할 신앙의 방향이 어떠해야 할지 다소 도전적인 질문들을 던지고 돌아오게 되었습니다.

그리스도의 뜻을 가슴에 품고 살고 있는 사람들 하나하나가 보석처럼 소중한 사람들입니다. 마치 어두운 산속에서 길을 잃어버린 사람들이 먼 데서 비춰오는 등불 하나 바라보면서 희망을 되찾게 되는 것처럼, 세상이 아무리 험하고 어둡다 해도 자기에게 주어져 있는 삶의 자리에서 등불 하나 밝히는 마음으로 사는 사람이 저만치에 있다고 하는 사실은 우리에게 희망이 되고 있습니다. 때때로 그 빛은 매우 미약하게 보이는 것도 사실입니다. 그럼에도 불구하고 우리가 낙심하지 않는 것은 어떤 경우에라도 어둠은 빛을 이길 수가 없다는 사실을 우리가 확신하기 때문에 그렇습니다. 천년의 어둠이 드리운 방에도 초 한 자루가 밝혀지는 순간 어둠이 물러날 수밖에 없는 것처럼, 어둠이라고 하는 것은 아우구스티누스가 얘기했던 것처럼 빛의 결핍에 지나지 않기 때문에 '우리가 빛이 되어 세상에 살아간다고 한다면 어둠은 물러갈 수밖에 없다. 도처에서 어둠을 밝히는 사람들이 있구나' 라는 사실을 느낄 수 있습니다.

지금 우리는 기다림의 절기를 보내고 있습니다. 여러분은 정말로 기다리는 사람입니까? 주님 오시기를 정말로 기다리시는지요. 가만히 기다림의 절기를 생각해보니 인생이란 온통 기다림임을 알 수 있

었습니다. 일일이 다 언급할 수가 없지만 기다림은 누군가에게 절박함입니다. 누군가에겐 설렘입니다. 누군가에게는 두려움이기도 합니다. 성서에 등장하는 인물들의 기다림을 생각해봤습니다. 대홍수로 말미암아 온갖 생명이 다 죽는 것을 목도했던 노아는 홍수가 끝나는가 싶어서 창문을 열고 방주의 창문을 열고 비둘기를 날려 보냅니다. 비둘기가 가져올 소식만을 기다리고 있는 것이죠. 그의 마음 얼마나 절박했을까 생각해봅니다. 이런 기다림이 우리에게 있죠. 그런가 하면 여러분 기근을 만나서 이집트 땅으로 식량을 구하러 갔던 야곱의 아들들이 간첩 누명을 쓰고 온갖 어려움을 겪다가 마침내 막내인 베냐민을 데리고 이집트 땅에 내려가서 바로 이집트의 총리대신, 아직은 그 정체를 알지 못하는 이집트의 총리대신을 만나기 위해 초조하게 기다리고 있는 장면이 창세기 43장에 기록되어 있습니다. 그 기다림은 초조함으로 점철되었을 겁니다. 그런가 하면 하나님을 만나기 위해 시내산 위에 올라간 모세를 기다리는 백성들의 마음은 설렘 반 두려움 반이었을 겁니다. 뭔가 내가 기대하던 시간에 일어나기를 바라지만, 가만히 따지고 보면 기다림은 언제나 지연되는 것처럼 느껴지는 게 사실입니다. 욥은 지속적인 고난을 겪으면서 생이 얼마나 곤고했던지 하나님 앞에 자기의 그 심정을 뭐라고 얘기합니까? 마치 날 저물기를 기다리는 종의 심정이라고 이야기하고 있습니다. 고단한 노동에 지친 종이 쉬고 싶은 마음으로 날 저물기만 기다리듯이 욥 또한 고난의 때가 지나가기를 바라며 기다리고 있었음을 알 수 있습니다. 불의가 득세하고 있는 세상을 바라보며 하박국이 "하나님, 세상이 도대체 왜 이 모양입니까?"라고 물으면서 망대 위에 올라가 하나님이 어떻게 대답하실지를 보겠다고 기다렸던 그 심정, 그 답답한 심정 또한 떠오르는 게 사실입니다. 그러나 기대와 설렘도 있죠. 고넬료라고 하는 백부장이 온 집안 식구들과 함께 사도 베드로를 청해놓고 기다리고 있는 장면, 만날 설렘을 가지고 기다리고 있는 장면도 우리는 볼 수 있습니다.

이렇게 보면 인생은 기다림 그 자체라 이야기해도 과언이 아닐 겁니다. 우리는 주님 오시기를 기다립니다. 많은 사람이 대림절기를 아기 예수가 오기를 기다리는 절기로 알고 있지만 사실 우리가 기다리는 주님은 아기 예수가 아닙니다. 아기 예수는 2천 년 전 이미 오셨기 때문에 그렇습니다. 아기의 모습으로 가장 연약한 자의 모습으로 오셨던 그 주님을 기억하는 절기인 것은 맞지만 오늘 우리가 기다리는 그 주님은 다시 온다고 약속했던 주님입니다.

교회사를 통해서 아니 성서를 통해서 우리가 끊임없이 "주님 오시옵소서"라고 말한 것은 바로 그 때문입니다. "오십시오." 이것이 성경의 거의 마지막 말인 것도 또한 우리가 알 수 있습니다. 주님은 이천 년 전에 이미 오셨습니다. 그럼에도 우리가 주님께 '오소서'라고 기도하는 까닭은 무엇입니까? 오신 주님은 다시 오실 주님이기도 하니 그렇습니다. 다시 오실 주님을 기다린 까닭은 무엇입니까? 바로 그 주님이 우리의 생을 완성으로 이끄실 것임을 우리가 알기 때문에 그러합니다.

20세기의 위대한 신학자인 카를 라너는 기도를 통하여 주님을 기다리는 우리의 마음을 절절하게 하나님께 아뢰었습니다. 그는 이렇게 기도합니다.

> 우리는 스스로 도울 수 없으며 우리 자신에게서 벗어날 수 없습니다. 그러므로 우리는 당신의 임재, 당신의 진리, 당신의 생명에 풍부함이 우리에게 내려오기를 간구합니다. 우리는 당신의 지혜, 당신의 정의, 당신의 선, 당신의 자비에 호소하며 당신이 직접 오셔서 우리의 유한성의 장벽을 무너뜨리시고, 우리의 가난을 부유함으로, 우리의 시간을 영원으로 바꾸어 주시기를 간구합니다.

우리가 주님을 기다린다고 하는 말의 의미가 무엇인지를 이 기도 속에 담아내고 있는 것입니다.

인간은 자기 자신에게서 벗어날 수 없는 존재입니다. 자아라고 하는 감옥 속에 갇힌 존재입니다. 오로지 주님의 은총만이 우리를 유한성의 장벽에서 구하실 수 있는 겁니다. 그리고 주님의 생명의 풍성함이 우리 속에 흘러들 때 우린 비로소 영원에 잇댄 사람이 되어 살 수 있는 것입니다. 대림절은 바로 그런 주님이 우리의 마음속에 그리고 우리의 관계 속에, 우리의 사회 속에 임하시기를 바라는 계절이라고 말할 수 있겠습니다.

무정 세월

오늘 우리를 하나님 은총의 세계로 인도하는 시편 31편의 시인은 사람이 이 세상에서 겪는 온갖 쓸쓸하고, 고통스럽고, 아픈 경험을 다 겪어낸 사람입니다. 시편 시인은 하나님을 다양한 은유로 표현하고 있는데요. "나의 피하여 숨을 바위", "나의 굳건한 요새", "나의 피난처" 이런 표현으로 하나님을 묘사하고 있습니다. 하나님은 직접적 체험의 대상이지, 인식의 대상이 아니기 때문에 사람들은 자기들이 체험한 그 하나님을 적절한 언어로 표현할 수가 없어 우리에게 익숙한 사물들을 통하여 은유적으로 드러내려고 합니다. 그런데 여러분 생각해보십시오. "주님은 나의 굳건한 바위"라고 말할 때 그가 경험하고 있는 쓸쓸함은 무엇입니까? 뭔가 흔들리고 있고, 유동하고 있고, 굳건하지 않은 상태 속에서 불안한 그의 마음을 우린 읽을 수 있습니다. "주님은 나의 요새"라고 고백하는 그 고백 속에 담겨있는 것은 무엇입니까? 마치 벌거벗겨진 채 들판에 서 있는 것 같은 고단함과 쓸쓸함을 느꼈기에 주님이 나의 요새가 되어주셨다고, 되어달라고, 되어주신다고 고백하는 거예요. "주님은 나의 피난처"라고 하는 이 말 역시 마찬가지입니다. 사방에서 사람들이 나를 공격할 때, 어디에도 숨을 길 없어 답답할 때, 주님만이 나의 피난처가 되어 나를 보호해주신다고 느끼는 거예요. 성서 속에 나오고 있는 주님에 대한 이런 아름다운 표현들 속에는 인간이 경험하고 있는 쓸쓸하고 고통스러운 삶의 그 현실이 고스란히 배어있음을 알 수 있는 거죠. 오늘 시편 31편에서 시인도 바로 그런 고통 속에 있음을 보여주고 있습니다. 쓸쓸함, 불안함, 두려움이 일상이었던 삶입니다.

시인은 자기가 처해 있는 기가 막힌 상황을 가감 없이 드러내고 있습니다. 원수들이 몰래 쳐놓은 그물이 그를 위험에 빠뜨린다고 말합니다. 여러분, 내가 살고 있는 세상 도처에 나를 사로잡으려는 그물 덫이 있다면 우리가 어찌 든든하게 살 수 있겠습니까? 시인을 괴롭힌 것은 또 있습니다. 가장 친밀하다고 느꼈던 친구들조차 그를 비난하는 겁니다. 그뿐만 아닙니다. 마치 그를 혐오스러운 존재처럼 대하고, 비꼬고, 혐오의 대상으로 여깁니다. 이런 일들을 너무 많이 겪다 보니 시인은 "나의 처지가 마치 깨진 그릇처럼 되어버리고 말았습니다"라고 말합니다. 깨진 그릇처럼 아무것도 담을 수 없는, 희망도 기쁨도 담을 수 없는 깨진 그릇이 되어버리고 말았다는 것입니다. 그리고 시인은 말합니다. "이 현실이 너무 괴로워서 울다가 지쳤고, 내 몸과 마음에 활력조차 다 사라져버리고 말았다"라고 그는 고백하고 있습니다. 참으로 참담한 상황입니다. 그런데 이 시인이 처해 있는 참담한 상황 속에 살고 있는 사람이 우리 주변에 적지 않음을 알 수 있습니다. 이 세상에는 눈물이 정말 많기 때문에 그렇습니다. 얼마 전 신문에서 봤던 한 장의 사진을 잊을 수가 없습니다. 어린이보호구역인 학교 앞에서 질주하던 자동차에 치여 아들을 잃어버린 어머니가 눈물을 흘리고 있는 사진입니다. 그아들은 이미 세상을 떠났지만 그는 아들의 죽음을 헛되이 하지 않기 위해, 더 이상 이런 피해가 일어나지 않게 하기 위해 어린이보호구역과 교통사고 예방을 위한 관련법을 제정해달라고 요구하는 시위에 나섰습니다. 소위 '민식이법'이 그것입니다. 그런데 국회가 민식이법을 제정하지는 않고, 그것을 정쟁의 도구로 삼고 있는 것을 바라보면서 울고 싶은 현실이었습니다. 여러분 우리가 살고 있는 현실 속에서 이렇게 눈물 흘리고 있는 사람들이 얼마나 많이 있습니까? 고통당하는 사람들이 얼마나 많이 있습니까? 무정한 사회는 그런 고통당하는 사람들의 아픔, 절절한 아픔을 함께 공감해주기보다는, 그들이 우리 눈앞에 있다는 사실 자체를 불편하게 여깁니다. 그들이 모습을 드러내지 않기를 원합니다. 그들은 우리의 평안한 일상을 깨뜨리는 존재처럼 느끼기 때문에 그렇습니다. 이것이 이 세상을 어둡게 만들고 있는 악습입니다. 많은 사람이 이 세상에서 그런 고통을 겪고 있는 겁니다. 피해자가 2차 피해를 당하는 일들이 도처에서 벌어집니다. 시인의 상황도 이와 다를 바가 없습니다. 그래서 그는 하나님 앞에 절규하듯 부르짖습니다. "오만한 자세로, 경멸하는 태도로, 의로운 사람을 거슬러서 함부로 말하는 거짓말쟁이들의 입을 막아주십시오. 오로지 하나님만이 하실 수 있습니다." 여러분 이 마음이 절절하게 느껴지지 않습니까? 불의한 것을 바라보면서도 "세상은 으레 그래"하고 사는 사람들이 얼마나 많이 있습니까?

여러분 옛날에 불렀던 노래 「노들강변」을 아시지요? 노들강변 이러면 왠지 버드나무가 휘휘 늘어진 장면을 연상시킵니다만, 노들강변이란 사실은 노량나루터를 일컫는 말이지요. 노량나루터를 얘기하는 거예요. 그러니까 나루터라고 하는 것은 결국 무엇입니까? 사람들이 오고 가는 장소입니다. 오고 가는 그 장소에 삶의 애환이 많이 있잖아요. 그러니까 노들강변 그곳에서 애환에 가득 찬 사람들의 삶의 모습을 바라보면서 만든 노래가 이 노래 아닙니까? 1930년대에 나온 가요입니다만 많은 사람이 민요처럼 부르고 있는데, 그 가사 여러분 잘 아시잖아요. 뭐라고 합니까? "노들강변 봄버들 휘휘 늘어진 가지마다" 여기까지 보면 굉장히 낭만적이에요. 가지가 늘어져 있는 그 광경을 머릿속에 그려보면 그러합니다. 그런데 그 뒤에 뭐라고 얘기해요. "무정세월 한 허리를 칭칭 동여매어 볼까"라고 말합니다. 세상이 무정한 세월이에요. 그 무정한 세월에 상처받았어요. 그 세월을 그 나뭇가지에 칭칭 동여 볼까? 세상 어디에도 풀 수 없는 내 마음의 답답함을 거기에 한 번 풀어볼까? 동여매볼까? 그래요. 그러나 그런다고 우리의 시름이 가시지 않죠. 노래 가사는 어떻게 됩니까? "에헤이요 봄버들도 못 믿을 이로다 에헤이요"하고 말해요. 이 봄버들조차 믿을 수가 없어요. 그리고 "흐르는 저기 저 물만 흘러 흘러가노라." 이것이 정말 내 삶을 바꿔낼 수 없는 사람의 한 서린 그런 노래잖아요. 이것이 달관입니까, 체념입니까?

우리가 믿는 하나님

그리스 사람들은 운명은 바꿀 수 없다고 말했습니다. 운명은 받아들여야 할 것이지 바꿔야 할 것이 아니라고 생각했어요. 그러나 히브리적 사고는 다릅니다. 바꿀 수 있는 것은 바꿔내야만 한다고 말하고 있습니다. 잘못된 현실은 받아들일 게 아니라 고쳐야 한다고 생각하는 것이 바로 믿음의 사람들입니다. 현실이 잘 돌아가고 있는 세상처럼 보이지요. 기존 질서가 잘 돌아가는 것처럼 보입니다. 그러나 그 기존 질서가 누군가를 소외시키고, 누군가의 눈물을 흐르게 한다면 거기에 대해서 "아니오"라고 말할 수 있는 사람이 있어야 하는데, 성서의 사람들은 바로 그런 사람들입니다. 예언자들은 바로 기존 질서를 향해 "아니오"라고 말했기 때문에 그들은 불온의 낙인이 찍혔고, 그 때문에 때때로 박해받고 죽기도 했던 것입니다. 여러분 그 낙인이 어쩌면 훈장인지도 모르겠습니다. 예수님이 산상수훈에서 말씀하셨잖아요. "너희가 나 때문에 모욕을 당하고, 박해를 받고, 터무니없는 말로 온갖 비난을 받으면 너희에게 복이 있다. 기뻐하고 즐거워하라 너희가 하늘에서 받을 상이 큼이니라"라고 얘기합니다. 이 세상에서 누릴 것 다 누리고 사는 사람들이 복된 인생 사는 것 아니고, 세상에 박해를 받고 모욕을 당하는 사람이 복이 있답니다. 내가 부끄러운 짓을 해서 모욕당한다고 한다면 그건 부끄러움이에요. 그러나 하나님의 뜻대로 살기 위해서 불의한 세상을 고치기 위해 살다가 힘 있는 사람들에게 모욕당하고 박해를 당하는 사람은 복이 있다고 이야기하고 있는 겁니다. 하지만 고난당하는 것을 좋아할 사람이 어디 있습니까. 단 한 사람도 없을 겁니다. 아픔은 아픔이고 두려움은 두려움입니다. 이게 어쩔 수 없는 사람입니다. 그렇게 우리는 아픔을 피하고 싶어 고통당하는 사람을 외면할 때가 많이 있습니다. 내 삶에 불이익이 올까봐 세상 모른 척 눈감고 지나갈 때도 많은 게 사실입니다. 그럼에도 불구하고 하나님의 사람들은 아픔과 두려움을 피하기 위해 "좋은 게 좋은 거지"하고 살지 않습니다.

우리 청파 교인들이 가슴에 명심하고 사는 것 있잖아요. 돌아가신 박정호 목사님이 수십 년 외치셨던 거 말이죠. "좋은 게 좋은 게 아니라, 옳은 게 좋은 거다" 말이죠. 여러분, 기억나시죠. 우리 교회 오신 지 오래되지 않은 분들 명심하십시오. 청파교회가 지향하는 바는 좋은 게 좋은 게 아니고 옳은 게 좋은 것임을 지향하는 삶이에요. 이게 믿음의 본질이라고 얘기할 수 있겠습니다. 두렵고 떨리지만 바름을 지향하는 게 믿음입니다.

고정희 시인은 〈상한 영혼을 위하여〉라는 시에서 이렇게 노래합니다. "외롭기로 작정하면 어딘들 못 가랴, 가기로 목숨 걸면 지는 해가 문제랴"라고 말합니다. 이것은 시인의 노래이지만 신앙인의 노래여야 합니다. 외롭기로 작정하면 어딘들 못 가랴. 외롭지 않으려고 발버둥 치다 보니까 우리의 삶이 약화됐어요. 가기로 작정하면 지는 해가 문제랴. 믿는 사람들은 때때로 외로울 수 있고, 해지는 것처럼 절망의 어둠이 우리를 찾아올 수도 있습니다. 하지만 믿음의 길은 외로움 속에서도 걸어야 하는 길이고 해가 저무는 것처럼 보이는 현실 속에서도 걸어야만 하는 희망의 길인 것입니다. 그렇게 걸을 수 있는 힘은 우리에게서 오지 않습니다.

시인은 이렇게 말합니다. "캄캄한 밤이라도 마주 잡을 손 하나 오고 있거니". 우리가 살고 있는 이 세월이 캄캄한 어둠으로 가득 차 있는 것처럼 보여도, 마주 잡을 손 하나가 저만치에서 오고 있다는 겁니다.

세상은 그러합니다. 나 혼자가 아닙니다. 내 손 잡아줄 사람이 있습니다. 그러나 누구보다도 우리의 마주 잡을 손은 누구입니까? 오늘 시인이 보여주고 있습니다. 하나님, 바로 그분이 우리를 마주 잡아주시는 손입니다. 하나님이 바로 우리의 손을 잡아주시는 분이에요.

헨리 나우웬 신부가 인생의 마지막 부분에서 한 가족과 사귀었습니다. 그 가족은 공중그네 타는 곡예사 가족이었습니다. 그리고 그 나이 많은 헨리 나우웬이 꼭 하고 싶었던 것이 있습니다. 그게 뭐냐면 자기도 공중그네를 타 보고 싶은 거예요. 너무나 위험한 일이잖아요. 그런데 그 일을 배웠습니다. 그 가족으로부터. 그리고 그가 깨달은 게 있어요. 공중그네를 잘 타는 사람이 중요하지만 그보다 더 중요한 건 뭐냐면, 그네에 매달린 채 움직이다가 날아오른 사람 손을 붙잡아주는 사람이 더 중요하다는 거예요. 바로 잡아주는 사람이 '캐처'죠. 근데 헨리 나우웬은 얘기합니다. 하나님은 우리의 위대한 캐처, 그레이트 캐처라고 얘기해요. 하나님은 그렇게 우리를 꼭 붙들어주시는 분입니다. 그 하나님을 믿었기 때문에, 피난처 대신 하나님을 믿었기 때문에 이 시인은 흔들림 없는 발걸음으로 의의 길을 걸을 수 있었던 것입니다.

일반적으로 고통과 고난이라고 하는 것이 우리에게 닥쳐오면 우리의 시야가 좁아집니다. 왜냐면 그 문제에만 몰두할 수밖에 없는 게 사람이기 때문에 그렇습니다. 그러나 여러분, 믿는 사람들은 그 고통과 고난의 문제 때문에 시야가 좁아져선 안 됩니다. 그 고통과 고난의 문제를 하나님께 가져가야 합니다. 예수 그리스도의 십자가와 나의 고난을 잇댈 수 있어야 합니다. 그럴 때 고난과 고통은 내가 이전에는 바라보지 못했던 새로운 삶의 전망을 열어주는 열린 창문이 될 수 있음을 느낄 수 있습니다. 이것이 믿는 사람들의 든든함입니다.

시인은 하나님의 한결같은 사랑을 깊이 신뢰합니다. 하나님이 우리가 겪는 아픔을 아신다는 사실을 시인은 고백하고 있습니다. 그러기에 그는 말합니다. "주님의 손에 나를 맡깁니다. 위대한 캐처이신 주님의 손에 나를 맡깁니다. 나는 오직 주님만 의지합니다." 이 믿음에 이르렀기 때문에 시인은 결연한 의지를 담아 이렇게 고백하고 있습니다. 누가 뭐라고 해도 나는 주님만을 의지하며 주님이 나의 하나님이라고 말할 것입니다. 누가 뭐라고 해도 나는 주님만 의지합니다. 이것이 믿음입니다. 신앙은 이처럼 보이지 않는 하나님을 깊이 신뢰하는 것입니다. 이해할 수 없다 해도 신뢰하는 것이 믿음이고 사랑입니다.

십자가에 달리신 주님은 하나님의 침묵을 이해할 수 없었지만 침묵, 그 침묵보다 더 크신 하나님 그 사랑 앞에 당신을 맡기잖아요. 아버지, 내 영혼을 아버지께 맡깁니다. 이해할 수 있기 때문에 믿는 것 아니라 하나님의 크신 사랑 앞에 그저 엎드리는 겁니다. 하나님은 당신을 경외하는 사람들에게 복을 베푸시고 크신 날개 그늘 아래 숨겨주신다고 시인이 고백하고 있습니다. '주님의 날개 그늘'이라고 하는 표현은 그저 우리말 표현이고 히브리어 원문의 의미를 얘기하자면 "주님은 우리를 하나님 현존의 비밀스러운 장소 속에 숨겨주십니다"라는 뜻입니다. 하나님의 비밀스러운 현존의 장소, 다시 말하면 세상 사람들이 알지 못하는 하나님의 그 임재 그 속에 우리를 가둬두시고 우리를 품어주신다고 얘기하고 있는 것입니다. 바로 이렇게 주님을 주님 안에 머물게 되는 사람들, 주님을 거처로 삼은 사람들인 것이죠. 바로 그들이 믿음의 사람들입니다.

영국감리교회 기도서를 보면, 아침을 여는 기도라는 기도가 있는데, 그 기도에 나오는 대목 가운데 하나가 제 마음을 톡 건드린 적이 있습니다. 이렇게 기도하고 있어요. "하나님, 오늘 저를 당신의 거처로 삼아주십시오"라는 기도입니다. "하나님, 저를 당신의 거처로 삼아 주십시오. 내 마음속에 들어오셔서 하나님 쉬시고 머무시고 현존해 주십시오"라고 하는 이야기예요. 우리를 통해 주님의 현존이 세상에 드러나기를 바란다는 뜻입니다. 이런 기도가 참다운 기도가 되기 위해서는 먼저 우리가 주님 안에 머물러야 합니다. 주님을 우리의 거처로 삼을 수 있어야 합니다. 내가 그 안에 보호받고 있다는 확신, 나는 실패해도 하나님의 사랑 안에서 실패할 수 없다는 확신이 내 속에 생길 때 현실의 어둠 때문에 우린 무기력해지지 않을 수 있고, 현실의 어둠 때문에 우울에 빠지지 않을 수 있어요. 하나님을 믿는 사람들은 제아무리 현실이 어두워도 명랑할 수 있어야 돼요. 표정이 밝아져야 해요. 이게 믿는 사람들의 겸질김입니다.

빛을 뿌리는 사람들

하나님은 거짓말을 지어 헐뜯는 무리들로부터 주님을 경외하는 사람들을 지켜주십니다. 헐뜯는 사람들은 여전히 헐뜯겠죠. 그게 그들의 직업이니까요. 하지만 여러분 경외하는 사람들은 그 말에 영향받지 않습니다. 우리 사회의 심각한 문제 가운데 하나가 악플이죠. 누군가에 대해서 아주 험한 말 하는 것 때문에 상처 입고 목숨을 포기하는 사람들이 얼마나 많이 있습니까. 물론 우리도 사람이기 때문에 다른 사람들의 평가에 무덤덤할 수만은 없습니다. 특별히 나를 혐오하고 나를 미워하고 비난하는 그 일을 겪을 때, 누구라고 마음이 흔들리지 않겠습니까. 이게 여러분 우리가 하나님 뜻 안에서 떳떳하게, 당당하게 산다고 한다면 누가 뭐라고 악플 달더라도 안 보는 게 좋아요. 그거 봐서 영향 받을 이유가 별로 없어요. 여러분 제가 나름대로 지키는 게 뭐냐면 신문에 컬럼을 쓰고 사람들이 뭐라고 쓰든지 전 전혀 들여다보지 않는다는 거예요. 칭찬하는 말도 안 보고, 비난하는 말도 안 보고 지냅니다. 왜? 나는 나의 최선을 다했으니까. 그게 내가 인식한 지금 내 자리니까. 그게 나니까. 비난하든 칭찬하든 상관없어요. 안 보니까 영향을 안 받아요. 이게 전 중요하다고 생각해요.

여러분, 바울 사도는 그리스도를 전하면서 겪는 온갖 시련 이야기 끝에 이렇게 말하고 있습니다. 비난당하는 사람들이 어떤 태도여야 할는지 보여줘요. "우리는 우리 손으로 일을 하면서 고된 노동을 합니다. 우리는 욕을 먹으면 도리어 축복하여 주고, 박해를 받으면 참고,

비방을 받으면 좋은 말로 응답합니다. 우리는 이 세상에 쓰레기처럼 되고 이제까지 만물의 찌꺼기처럼 되었습니다"(고전 4:12-13)라고 말합니다. 욕을 먹으면 도리어 축복하고, 비방을 받으면 좋은 말로 응답하는 사람, 세상에 쓰레기 취급을 받으면서도 스스로 당당한 사람을 누가 당해낼 수 있겠습니까? 믿음의 사람들은 그러해야 합니다. 우리의 믿음도 그 자리까지 가야 합니다. 여전히 우리는 그 자리에 서 있지 못하지만, 바울 사도가 가리켜 보인 이 지점을 향해 나아가는 게 우리 영혼의 목표가 되어야 합니다. 온갖 비방과 혐오와 협잡에 시달리면서도 시인이 끝끝내 믿음을 포기하지 않을 수 있었던 까닭은 무엇입니까. 체다카(צדקה)의 하나님, 공의로우신 하나님, 우리를 사랑으로 보듬어 안는 그 하나님 그리고 헤세드(חסד)의 하나님. 인간과 더불어 언약을 맺으시고 그 언약을 끝끝내 지켜내는 헤세드, 인자하신 하나님의 사랑을 신뢰했기 때문에 그렇습니다.

시인은 그 확신이 있었기 때문에 사람들에게 권고합니다. "우리 주님을 사랑하십시다. 맡기신 일을 다 이룰 때까지(31:08) 우리를 지켜주시는 하나님을 깊이 신뢰하고 사랑하자"는 내용이 오늘 본문의 마지막 구절에 나오죠. "주님을 기다리는 사람들아 힘을 내어라 용기를 내어라." 우리가 정녕 주님을 믿는 사람이라고 한다면 낙심하지 말고 힘을 내야 합니다. 용기를 내야 합니다. 주님의 임재, 주님의 진리, 주님이 주시는 생명의 풍성함을 기다린다면, 현실이 어떠하든지 낙심하지 말아야 합니다. 용기를 내 우리에게 주어진 길 걸어야 합니다.

윤동주의 시 〈눈감고 간다〉에서 윤동주가 이렇게 말하잖아요. "태

용기를 내라

양을 사모하는 아이들아, 별을 사랑한 아이들아 어두운 밤이지만 눈을 감고 가진바 씨앗을 뿌리며 가자"고 말하면서 그 마지막에서 이렇게 얘기하고 있습니다. "발뿌리에 돌이 채이거든 감았던 눈을 와짝 떠라."

여러분, 주님을 기다리는 사람들은 주변에 빛을 뿌리며 살아야 합니다. 오늘 이후에 의도적으로 주위 사람들에게 따뜻한 미소를 보내십시오. 다정한 말 한마디 보내십시오. 그리고 친절한 손길로 그를 어루만지십시오. 외로운 사람의 설 땅이 되어주십시오. 주님을 기다린다는 것은 바로 그런 것입니다. 그래서 그들도 우리처럼 체다카 하나님, 헤세드 하나님의 그 사랑과 공의로우심, 그것을 하나님의 마주 잡을 손으로 여기고 그 손 붙잡고 현실의 고독을 이길 수 있도록 해줘야 합니다. 주님은 바로 우리의 손을 통해 그 일을 하기를 원하십니다. 여러분의 손길을 통하여 주님은 이웃들을 보듬어 안기를 원하십니다. 바로 이것이 기다림의 절기에 우리가 가져야 할 삶의 태도입니다.

다시 한번 주님이 주시는 이 아름다운 기다림의 시간을 통해서 우리의 마음이 주님의 마음과 더 깊이 접속할 수 있기를 주의 이름으로 축원합니다.

(2019. 12. 08. 대림절 제2주)

예수, 우리 왕이여!

계 1:4-7

⁴나 요한은 아시아에 있는 일곱 교회에 이 편지를 씁니다. 지금도 계시고 전에도 계셨고 또 앞으로 오실 분과, 그의 보좌 앞에 있는 일곱 영과, ⁵또 신실한 증인이시요 죽은 사람들의 첫 열매이시요 땅 위의 왕들의 지배자이신 예수 그리스도께서 내려 주시는 은혜와 평화가, 여러분에게 있기를 빕니다. 예수 그리스도께서는 우리를 사랑하시며, 자기의 피로 우리의 죄에서 우리를 해방하여 주셨고, ⁶우리로 하여금 나라가 되게 하시어 자기 아버지 하나님을 섬기는 제사장으로 삼아 주셨습니다. 그에게 영광과 권세가 영원무궁하도록 있기를 빕니다. 아멘. ⁷"보아라, 그가 구름을 타고 오신다. 눈이 있는 사람은 다 그를 볼 것이요, 그를 찌른 사람들도 볼 것이다. 땅 위의 모든 족속이 그분 때문에 가슴을 칠 것이다." 꼭 그렇게 될 것입니다.

우리 믿음의 현주소

주님의 은혜와 평화가 우리 가운데 임하시기를 빕니다. 소설 절기에 접어들면서 부쩍 날이 쌀쌀해졌습니다. 오늘은 교회력으로 일 년의 마지막 주일이면서 그리스도가 우리의 왕 되심을 기억하는 주일입니다. 그렇기에 오늘 우리는 이런 질문 앞에 서 있습니다. "당신은 그리스도를 왕으로 모시고 사십니까?", "주님을 왕이라 고백하면서도 다른 왕을 모시고 살고 있는 것은 아닙니까?" 이 질문 앞에 설 때마다 말문이 막힐 때가 많습니다. 세상의 인력에 속절없이 끌려다니는 우리 삶의 부박함이 떠오르기 때문입니다.

바울 사도는 그리스도를 아는 지식이 너무도 소중하기에 이전에 자랑스럽게 여기던 모든 것을 배설물처럼 버렸다고 말했습니다. 바리새인 중의 바리새인이라는 자부심, 가말리엘 문하생이라는 자랑스러운 스펙, 타의 추종을 불허하던 율법에 대한 열정, 로마 시민이라는 특권, 이 모든 것을 저울의 한쪽에 올려놓고 다른 한쪽에 그리스도의 종이라는 현실을 올려놓을 때, 저울은 지체 없이 그리스도의 종 쪽으로 기울었던 것입니다. 그는 "나에게 능력을 주시는 분 안에서, 나는 모든 것을 할 수 있습니다"(빌 4:13)라고 고백했습니다. 사람들은 대개 이것을 믿음을 통해 우리가 원하는 모든 것을 얻을 수 있다는 뜻으로 받아들이지만, 사실 이 구절은 복음을 위해 당하는 어떤 시련이나 박해도 넉넉히 감당할 수 있다는 뜻을 내포하고 있습니다. 이런 당당함이 우리에게 있습니까? 믿음 안에 있다고 하면서도 우리 영혼은 작은 자극에도 비명을 질러대고 있지는 않습니까? 저는 제 영혼이 납작해졌다고 느낄 때마다 시편 36편 말씀을 묵상합니다.

> 주님, 주님의 한결같은 사랑은 하늘에 가득 차 있고, 주님의 미쁘심은 궁창에 사무쳐 있습니다. 주님의 의로우심은 우람한 산줄기와 같고, 주님의 공평하심은 깊고 깊은 심연과도 같습니다. 주님, 주님은 사람과 짐승을 똑같이 돌보십니다(시 36:5-6).

시인에게 세계는 장엄 그 자체입니다. 온 세상에 하나님의 숨결이 아니 미친 곳이 없습니다. 고통과 슬픔이 없기 때문이 아닙니다. 혼돈의 물결이 세상을 덮치고 어둠이 지극한 것처럼 보여도, 하나님의 사랑은 철회되지 않으며 하나님의 통치는 흔들리지 않는다는 사실을 시인은 확신합니다. 그런 확신이 시인을 일으켜 세웁니다. 나는 비록 패배할지라도 하나님은 패배하지 않으신다는 사실을 알기에 그는 즐거이 자기 앞에 주어진 도전을 받아들입니다. 부활 신앙은 이런 태도의 절정입니다. 우리 믿음은 이런 경지에까지 자라야 합니다.

하나님의 영원한 현재성

여러분이 다 아시는 바와 같이 요한계시록은 소아시아에 머물던 요한이 어떤 이유에서인지 밧모(Patmos)섬에 유배 가 있을 때 본 비전을 기록한 책입니다. 주전 31년에 옥타비아누스가 악티움 해전(battle of Actium)에서 안토니우스를 물리치고 로마의 최고 권력자가 된 후 로마는 지중해를 내해로 한 거의 모든 영토를 지배했습니다. 로마는 신의 국가를 표방했습니다. 식민지 이곳저곳에 여신 로마(goddess Roma)의 동상과 신격화된 황제의 동상을 세웠습니다. 기후 조건에 관계 없이 로마의 전차가 달릴 수 있도록 마련된 도로, 각 성문 앞에 세워지는 개선문, 로마의 문화를 전파하기 위해 세워진 극장, 화려한 목욕 시설 등은 로마의 위대함을 가시적으로 보여주는 것들이었습니다. 로마는 무력뿐만 아니라 헬레니즘 문화를 통해서도 사람들을 지배했던 것입니다. 로마의 위세는 압도적이었고 누구도 그 세력을 꺾을 수 없을 것처럼 보였습니다. 유력한 많은 이들은 로마 문화를 받아들일 뿐만 아니라 그것을 누린다는 사실을 자랑스럽게 생각하기도 했습니다. 각 지역의 토호들은 로마의 비위를 맞추기 위해 시에서 거둬들이는 세금의 상당 부분을 그런 동상을 세우거나 신전을 세우는 일에 사용했습니다.

기독교인들에게 1세기 말엽의 상황은 참혹하기 이를 데 없었습니다. 네로 황제의 박해와 뒤이은 황제들의 박해로 수많은 신자가 목숨을 잃거나 추방되었습니다. 요한도 그중의 하나였습니다. 하지만 앞날을 기약할 수 없는 유배지에서도 그의 영혼은 꺾이지 않았습니다. 세상을 통치하는 것이 로마처럼 보여도 오직 하나님만이 세상의 지배자라는 사실을 그는 흔들림 없이 확신했고, 또 그것을 사람들에게 증언했습니다. 오늘의 본문은 바로 이런 맥락을 염두에 두고 읽어야 합니다. 아시아에 있는 일곱 교회에 편지를 보내면서 요한은 먼저 삼위일체 하나님의 이름으로 은혜와 평강을 기원합니다.

> 지금도 계시고 전에도 계셨고 또 앞으로 오실 분과, 그의 보좌 앞에 있는 일곱 영과, 또 신실한 증인이시요 죽은 사람들의 첫 열매이시요 땅 위의 왕들의 지배자이신 예수 그리스도께서 내려 주시는 은혜와 평화가, 여러분에게 있기를 빕니다(계 1:4-5).

요한은 하나님을 "지금도 계시고 전에도 계셨고 또 앞으로 오실 분"으로 표현합니다. 사실 이 표현은 출애굽기 3장 14절에 나오는 하나님의 자기소개를 상세하게 풀어놓은 것입니다. 하나님은 이름을 묻는 모세에게 "나는 곧 나다"라고 대답하셨습니다. 이 문장의 기본적 의미는 하나님은 인간의 언어에 다 담길 수 없는 크신 존재라는 뜻이지만, 더 깊은 의미도 함축하고 있습니다. "나는 너희가 장차 보게 될 방식으로 너희와 함께 있다"라는 뜻입니다. 즉, 이 말은 하나님의 실존적, 실천적 현존, 곧 사람들을 위하여 계시는 그분의 존재를 드러내는 말이라는 것입니다(한국천주교주교회의가 발간한 '주석성경' 참조).

'계시다'라는 말은 평범한 말인 듯하지만, 오직 하나님만이 존재의 근원임을 나타내는 말입니다. 그러니까 세상에 존재하는 것들은 존재 자체이신 하나님으로부터 비롯된다는 사실을 함축하는 단어라는 말입니다. 하나님은 인간을 무한히 뛰어넘는 창조자이신 동시에, 인간의 삶에 깊은 관심을 가지신 구원자이십니다. 그런데 요한은 하나님의 존재를 드러내기 위해 의도적으로 시간적 순서를 뒤바꿔놓고 있습니다. '현재', '과거', '미래' 순으로 말입니다. 왜 그랬을까요? 그것은 하나님의 영원한 현재성을 강조하기 위한 것입니다. 박해의 시대, 희망이 보이지 않는 시대이지만 하나님의 통치는 지속되고 있다는 사실을 그렇게 표현한 것입니다.

하나님에 대한 고백 다음에 등장하는 것이 성령에 대한 고백입니다. '그의 보좌 앞에 있는 일곱 영'이 그것입니다. 일곱이라는 숫자는 요한공동체가 유난히 강조하는 완전수입니다. 그럼에도 불구하고 일곱 영이라는 표현은 의미심장합니다. 사실 이 대목은 이사야 11장 2절을 떠올리게 합니다. "주님의 영이 그에게 내려오신다. 지혜와 총명의 영, 모략과 권능의 영, 지식과 주님을 경외하게 하는 영이 그에게 내려오시니." 성령은 다양한 방법으로 역사하십니다. 인간의 생각과 지혜를 뛰어넘습니다. 요한공동체는 성령께서 임하면 사람들에게 모든 것을 가르쳐 주시고, 주님이 말씀하신 것을 생각나게 하실 뿐만 아니라(요 14:26), 죄와 의와 심판에 대하여 세상의 잘못을 깨우치신다(요 16:8)고 가르쳤습니다. 성령은 인간의 지혜를 뛰어넘습니다. 바울 사도도 고린도교회에 보내는 편지에서 같은 진실을 지적한 바 있습니다.

그런데 하나님께서는, 지혜 있는 자들을 부끄럽게 하시려고 세상의 어리석은 것들을 택하셨으며, 강한 것들을 부끄럽게 하시려고 세상의 약한 것들을 택하셨습니다. 하나님께서는 세상에서 비천한 것들과 멸시

받는 것들을 택하셨으니 곧 잘났다고 하는 것들을 없애시려고 아무것도 아닌 것들을 택하셨습니다(고전 1:27-28).

세상의 모든 지혜를 다 합해도 하나님의 어리석음조차 당할 수 없습니다. 하나님의 보좌 앞에 있는 일곱 영은 지금도 우리의 삶을 세심하게 살피며 우리에게 하늘의 길을 가르쳐주십니다.

왕이신 예수

이제 예수님에 대한 고백을 살펴볼 차례입니다. 요한은 예수님을 신실한 증인이요, 죽은 사람들의 첫 열매이시고, 땅 위의 왕들의 지배자라고 소개합니다. 역시 세 가지 표현이 등장합니다. '신실한 증인'은 십자가를, '죽은 사람들의 첫 열매'는 부활을, '땅 위의 왕들의 지배자'는 재림을 가리키는 것으로 보입니다.

요한공동체는 예수님을 하나님으로부터 보냄을 받은 분으로 바라봅니다. 주님은 당신의 뜻이 아니라 하나님의 뜻을 전하는 것을 당신의 소명으로 소개하셨습니다. 빌라도의 법정에서 주님은 "나는 진리를 증언하기 위하여 태어났으며, 진리를 증언하기 위하여 세상에 왔소. 진리에 속한 사람은, 누구나 내가 하는 말을 듣소"(요 18:37)라고 말씀하셨습니다. 헬라어로 '증인'이라는 단어와 '순교'라는 단어는 뿌리가 같습니다. 참을 증언하는 사람의 운명은 순탄치 않습니다. 신실한 증인이란 표현 속에는 십자가의 사랑이 오롯이 반영되어 있습니다.

하지만 주님의 생명은 십자가에서 끝나지 않았습니다. 십자가는 부활의 문이었습니다. 꽃이 진 자리에 맺히는 열매처럼 주님은 부활의 첫 열매가 되셨습니다. 그래서 하나님께 속한 생명은 죽을 수 없다는 사실을 보여주셨습니다. 주님이 첫 열매라는 말은 우리 또한 부활의 열매가 될 수 있고 또 되어야 한다는 일종의 도전이요 초대입니다.

그리고 주님은 다시 오실 왕이십니다. 그날이 오면 세상의 모든 권세를 당신의 발 앞에 굴복시키실 것입니다. 믿음으로 산다는 것은 우리의 삶 속에 돌입해 오시는 주님의 현실에 주목하면서 그 현실에 동참하는 것입니다. 골로새서에서 말하는 "위의 것을 추구하라"는 말은 땅의 현실에서 눈을 돌려 하늘만 바라보라는 말이 아니라, 이 음란하고 타락한 세상에 동화되지 말고 하나님의 마음에 조율된 삶을 살라는 말입니다. 주님은 지금도 우리 몸을 빌려 이 세상에 오기를 바라십니다.

요한은 이런 그리스도의 삼중적 존재 양식이 우리에게 왜 은혜인지를 설명합니다. 주님은 자기의 피로 죄에서 우리를 해방해주셨습니다. 주님 안에 있는 사람들은 더 이상 죄의 인력에 속절없이 끌려다니지 않습니다. 주님 안에 머물 때 우리는 세상에 있으나 세상에 속하지 않은 사람입니다. 소속이 바뀌었다는 말입니다. 우리가 이 세상에서 해야 할 일은 힘(might)이 아니라 정의(right)가, 경쟁이 아니라 협동이, 지배가 아니라 사랑이 더 궁극적이라는 사실을 삶으로 입증하는 것입니다. 우리가 하나님의 질서에 속한 사람임은 일상의 자리에서 드러나야 합니다. 정신을 차리고 그렇게 살기 위해 부단히 노력해야 합니다. 우리는 세상을 정화하는 사람들, 즉 하나님을 섬기는 제사장이 될 것입니다. 우리를 이런 삶으로 초대해주신 주님께 영광과 권세가 무궁하기를 빕니다.

세상 흐름을 거슬러

하지만 이런 삶이 평탄하지만은 않습니다. 주님을 왕으로 모신 이들의 삶이 늘 꽃길인 것은 아닙니다. 그런 현실을 너무나 잘 아셨기에 주님은 생명에 이르는 길을 좁은 길이라 하셨습니다. 그 길은 인기가 없습니다. 풍요의 환상이 지배하는 세상에서 다른 삶을 꿈꾸는 일은 쉽지 않습니다. 우리도 모르는 사이에 세상 가치에 동화되기 쉽기 때문입니다.

일본 교토에 있는 이나리 신사에 가본 적이 있습니다. 쌀, 농업, 성공의 신 '이나리'를 모신 곳입니다. 그곳에서 사람들의 눈길을 끄는 것은 성공을 기원하기 위해 혹은 성공을 감사해서 사람들이 세워놓은 '도리이'라는 문입니다. 사찰의 일주문을 생각하시면 될 것 같습니다. 도리이를 세우기 위해서는 상당히 많은 돈을 희사해야 한다는데 그런 도리이가 70-80cm 간격으로 죽 열 지어 서 있습니다. 산길 걷는 것을 좋아하는 저는 도리이가 끝나는 곳까지 가볼 생각으로 계단을 따라 올라가다가 결국 정상에까지 이르렀습니다. 계단을 따라 내려오면서 풍요와 부에 대한 인간의 욕구는 정말 치열하고 처절하구나, 하는 생각에 정신이 아뜩해졌습니다.

생각해보면 우리 마음에도 이런 도리이들이 서 있습니다. 그리스도의 길을 따른다 하면서도 우리는 본능적으로 풍요로움을 약속하는 세계에 이끌립니다. 그런 세상의 흐름을 거스른다는 것은 여간 어려운 일이 아닙니다. 하지만 믿음의 사람들은 세상이 제시하는 것과는 다른 삶을 꿈꾸어야 합니다. 수가 성 우물가에서 사마리아 여인과 이야기를 나누던 주님은 제자들이 마을에서 돌아와서 음식을 권하자 나에게는 너희가 알지 못하는 먹을 양식이 있다면서 "나의 양식은, 나를 보내신 분의 뜻을 행하고, 그분의 일을 이루는 것"(요 4:34)이라고 말씀하셨습니다. 이 양식을 먹어야 우리 영혼이 자유로워지고, 웅숭깊어지고, 맑아집니다. 예수를 왕으로 모실 때 우리는 자유로워집니다. 세상의 인력에 끌려다니지 않습니다. 초겨울의 쓸쓸함이 감도는 이 계절에 이 양식으로 우리가 새로운 힘을 얻기를 기원합니다. 아멘.

(2018. 11. 25. 왕국주일)

기다림이란 삶으로 '아멘' 하는 것

히 10:5-10

5그러므로 그리스도께서 세상에 오실 때에, 하나님께 이렇게 말씀하셨습니다. "주님은 제사와 예물을 원하지 않으셨습니다. 그래서 나에게 입히실 몸을 마련하셨습니다. 6주님은 번제와 속죄제를 기뻐하지 않으셨습니다. 7그래서 내가 말하였습니다. '보십시오, 하나님! 나를 두고 성경에 기록되어 있는 대로 나는 주님의 뜻을 행하려 왔습니다.'" 8위에서 그리스도께서 "주님은 제사와 예물과 번제와 속죄제를 원하지도 기뻐하지도 않으셨습니다" 하고 말씀하셨습니다. 이런 것들은 율법을 따라 드리는 것들입니다. 9그 다음에 말씀하시기를 "보십시오, 나는 주님의 뜻을 행하려 왔습니다" 하셨습니다. 그리스도께서는 두 번째 것을 세우시려고 첫 번째 것을 폐하셨습니다. 10이 뜻을 따라 예수 그리스도께서 자기 몸을 단번에 드리심으로써 우리는 거룩하게 되었습니다.

우리의 기다림은 진실한가?

동지가 지나면서 이제 서서히 어둠이 물러가고 빛의 절기가 도래하고 있습니다. 허무와 절망의 심연에 갇힌 이들을 품에 안으시고, 그들 속에 빛이 움터 나오도록 하시는 주님의 은총이 우리 가운데 함께 하시기를 빕니다. 오늘 우리는 대림절 네 번째 초에 불을 밝혔습니다. 세상은 여전히 어둡지만, 어둠은 빛을 이길 수 없습니다. 세상에서 벌어지는 일들은 우리 속에 가물거리던 희망의 불꽃을 꺼버리기도 합니다만, 우리는 끈질기게 어둠에 맞서 불을 밝혀야 합니다. 상한 갈대도 꺾지 않으시고 꺼져가는 등불도 끄지 않으시는 하나님이 우리와 함께 계십니다. 주님이 오실 길을 잘 닦고 계신지요? 함석헌 선생님은 영광의 왕이 어떻게 우리 가운데 오시는지를 이렇게 밝힙니다.

영광의 왕 저는 그의 길이 없이는 오지 않는다. 아름다운 애인은 담을 넘어 침입하지 않는다. 그 사랑하는 자가 깨어 문을 열어 맞을 때까지 담 밖에 귀를 대고 기다린다. 주는 강도처럼 문을 넘어 양심 안에 돌입하지 않는다. 어린 나귀를 타는 이 순결하고 온유하고 평화로운 왕은 진실한 양심이 종려가지를 펴서 길을 열어놓은 후에야 그전에 오르신다. 그 길을 닦지 않고 저를 오시라 하는 것은 저를 억지하는 일이요 모욕하는 일이고 괴롭게 하는 일이다.

우리 맘에 있는 모든 교만의 뫼뿌리는 낮아지지 않으면 안 되고 모든 우울의 골짜기는 메워지지 않으면 안 된다. 모든 사회적 불평들의 요철, 모든 이기적 죄악의 음험한 것을 다 없애지 않으면 안 된다.*

아름다운 애인은 담을 넘어 침입하지 않는 법입니다. 사랑하는 자가 깨어 문을 열어 맞이할 때까지 담 밖에 귀를 대고 기다립니다. 교만의 뫼뿌리를 낮추고, 우울의 골짜기를 메우고, 이기적인 생각에서 벗어날 때 비로소 주님은 우리 마음속에 들어와 좌정하십니다. 다시한번 묻고 싶습니다. 우리의 기다림은 진실합니까? 정말 주님이 우리 삶에 들어오시기를 갈구합니까?

피 흘림

히브리서는 예수님을 대제사장으로 소개합니다. 아론의 계통을 따르는 제사장이 아니라 "너는 내 아들이다. 오늘 내가 너를 낳았다"(히 5:5) 하고 말씀하신 분의 섭리 안에서 일어난 일입니다. 히브리서는 예수 그리스도의 구원 사역을 이렇게 요약합니다. "우리의 대제사장은 우리의 연약함을 동정하지 못하시는 분이 아닙니다. 그는 모든 점에서 우리와 마찬가지로 시험을 받으셨지만, 죄는 없으십니다"(히 4:15). 참 인간이셨기에 모든 인간의 슬픔과 고통을 다 자신의 것으

---

* 김영호, 『사랑에는 방법이 없습니다; 가려 뽑은 함석헌 선생님 말씀』(서울: 한길사, 2009), 13, 97.

로 수용할 수 있었다는 말입니다. 히브리서는 예수님의 인간적 면모를 유난히 강조합니다. "예수께서 육신으로 세상에 계실 때에, 자기를 죽음에서 구원하실 수 있는 분께 큰 부르짖음과 많은 눈물로써 기도와 탄원을 올리셨다", "아드님이시지만, 고난을 당함으로써 순종을 배우셨다"(히 5:7-8)는 구절은 지금 고난의 세월을 보내고 있는 이들에게 큰 위로가 됩니다.

우리는 흔히 예수 그리스도의 피의 공로로 구원함을 받았다고 말합니다. "예수의 흘린 피 날 구원하시니 귀하고 귀하다 예수의 피 밖에 없네." '예수의 피'를 신비화하지 말아야 합니다. 사실 '예수의 피'는 그의 생명 혹은 삶을 가리키는 은유입니다. 하나님의 뜻을 이루기 위해 자신을 바친 그 행위 자체가 예수의 피라는 말입니다. 옛사람들은 피 속에 사람의 생명이 있다고 생각했고, 피는 하나님께 속한 것이라 여겼습니다. 따라서 사람의 피를 흐르게 하는 것은 하나님의 것을 갈취하는 행위로 받아들였습니다. 가인이 아벨을 죽인 후 하나님은 그에게 말씀하셨습니다. "네가 무슨 일을 저질렀느냐? 너의 아우의 피가 땅에서 나에게 울부짖는다"(창 4:10). 지금 이 땅에서도 무고한 아벨의 피가 땅에서 부르짖고 있습니다. 일터에서 위험 가운데로 내몰리는 이들이 너무 많습니다. 24살 젊은 노동자 김용균 씨의 죽음은 지금 우리 사회가 얼마나 난폭하고 위험한 곳인지를 고발하고 있습니다. 이것은 하나님 보시기에 악한 것입니다. "너희가 사는 땅을 더럽히지 말아라. 피가 땅에 떨어지면, 땅이 더러워진다"(민 35:33a). 피로 더럽혀진 땅에는 평화가 깃들 수 없습니다.

기다림이란 삶으로 '아멘' 하는 것

창세기 기자는 대홍수 이후에 하나님께서 육식을 허용하셨다고 말합니다. 그전까지는 땅에서 나는 식물만 허용되었습니다. 육식 허용에는 한 가지 제한이 있었습니다. "그러나 고기를 먹을 때에, 피가 있는 채로 먹지는 말아라. 피에는 생명이 있다"(창 9:4). 성경이 이렇게 피를 흘리거나 피를 먹는 일을 엄격히 금지하는 까닭은 무엇일까요? 인간의 폭력성을 너무나 잘 알고 있었기 때문입니다. 오죽하면 경건한 시편 시인도 이런 기도를 바쳤겠습니까? "하나님, 나를 구원하시는 하나님, 내가 살인죄를 짓지 않게 지켜 주십시오"(시 51:14a). 하나님이 지켜주시지 않으면 우리는 무슨 짓을 할지 모르는 사람들입니다. 민영진 목사님은 이 시편 구절을 묵상하면서 "그 시인의 경건/흉내 낼 처지도 못 되지만/행여, 나에게 원수 갚을 힘/생기면 어쩌나 싶어/그런 힘 생기지 않게 해 달라고/싫어도 싫어도/빌고 또 빌어야 할 것 같다"*라고 노래합니다. 그런 힘이 없는 것이 복인지도 모르겠습니다.

주님이 오시기 전까지는 죄 속함 받기 위해서 제물을 바쳐야 했습니다. 제물을 바치는 순서는 이러합니다. 제물을 가져온 사람은 먼저 자기가 바칠 제물의 머리 위에 손을 얹습니다. 자기의 죄를 짐승에게 전가하는 것입니다. 그리고 스스로 회막 앞에서 그 제물을 잡아야 합니다. 제사장들은 그 피를 받아다가 회막 어귀에 있는 제단 둘레에 피를 뿌렸습니다. 하나님께 속한 것을 하나님께 돌려드린다는 뜻일 겁니다. 제물을 가져온 사람이 번제물의 가죽을 벗기고 고기를 저며 놓으면 제사장들이 제단 위에 불을 피우고 제물을 그 위에 벌여놓고 불

---

* 민영진, 『유다의 키스』(서울: 창조문예사), '살의'(殺意).

살라야 했습니다. 번제와 화목제와 속죄제가 조금씩 차이는 있지만 대체로 비슷한 과정을 거칩니다. 그 과정은 매우 번거롭습니다. 게다가 살아 있는 짐승을 잡고 각을 뜨는 일은 참 꺼림칙한 일이 아닐 수 없습니다. 짐승 제물을 바치는 행위는 일종의 제의적(祭儀的) 폭력입니다. 옛사람들은 이런 까다로운 절차를 통해, 진행되는 제의를 통해 인간의 마음속에 있는 폭력성을 이런 행위를 통해 정화하려 했던 것입니다.

박노해 시인은 〈거룩한 사랑〉이라는 시에서 어머니에 대한 기억을 되살리고 있습니다.

어린 시절 방학 때마다
서울서 고학하던 형님이 허약해져 내려오면
어머님은 애지중지 길러온 암탉을 잡으셨다
성호를 그은 뒤 손수 닭 모가지를 비틀고
칼로 피를 묻혀가며 맛난 닭죽을 끓이셨다
나는 칼질하는 어머니 치맛자락을 붙잡고
떨면서 침을 꼴깍이면서 그 살생을 지켜보았다

어머니라고 해서 닭 모가지를 비틀고 칼에 피를 묻히는 것이 흔쾌한 일이었겠습니까만, 자식을 위해서 어머니는 기꺼이 그 꺼림칙한 일을 감당하셨던 것이지요. 시인은 계속해서 서울 달동네 단칸방에 살 때의 일상적 풍경을 그리듯 보여줍니다. 김치를 담가 먹을 여유가

●

없었기에 막일을 다녀오신 어머니는 지친 몸을 이끌고 시장에 나가 상인들의 채소를 다듬어 주고, 시래깃감을 얻어와 김치를 담고 국을 끓였다고 합니다. 시인은 어머니의 그런 삶에서 눈물로 배운 것을 이렇게 요약합니다.

시인은 자식들을 돌보기 위해 무능할 수 없었던 어머니의 마음이야말로 거룩함이라고 말합니다.

나사렛 예수라는 옷을 입고

그리스도의 사랑이 그러합니다. 주님은 병든 사람들을 고치시고, 귀신을 내쫓고, 배고픈 이들을 먹이시고, 소외된 이들의 벗이 되어 주셨습니다. 가진 것은 없었지만 주님은 무기력하지 않았습니다. 주님과 만난 이들은 자기들이 환대받고 있다는 사실을 절감했을 겁니다. 주님은 자기 앞에 있는 이들 한 사람 한 사람을 하나님께서 이끌어 주신 사람으로 대하셨기 때문입니다. "아버지께서 내게 주시는 사람은 다 내게로 올 것이요 또 내게로 오는 사람은 내가 물리치지 않을 것이다"(요 6:37). 이 마음이었을 겁니다. 주님은 은전 서른 개에 당신을 파는 유다를 저주하지 않으셨습니다. 당신을 세 번씩이나 부인한 베드로를 못났다 책망하지 않으셨습니다. 십자가 아래에서 조롱하는 무리들을 용서해 달라고 기도하셨습니다. 세상의 모든 연약함과 슬픔을 다 짊어지고, 폭력의 악순환의 고리를 끊어내신 주님의 가없는 사랑에 접속한 이들은 십자가 아래에 있었던 백부장처럼 고백하지 않을 수 없었을 겁니다. "참으로, 이분은 하나님의 아들이셨다"(마 27:54b).

주님은 율법과 제사를 통해 할 수 없는 일을 하셨습니다. 사람들 속에 있는 아름다운 삶의 가능성을 이끌어 내셨습니다. 죄에 짓눌려 있던 양심을 깨어나게 하셨고, 곤고한 삶으로 인해 막혀 있던 사랑의 샘에 다시금 물이 흐르도록 하셨습니다. 율법은 사람들이 해야 할 일과 하지 말아야 할 일을 가르쳐줍니다. 그러나 하나님에 대한 사랑과 이웃 사랑의 마음을 우리 속에 불어넣지는 못합니다. 제사는 잠시 동안 죄책으로부터 벗어나도록 해줍니다. 그러나 황소와 염소의 피가 죄를 없앨 수는 없습니다. 또한 사람들을 새로운 존재로 빚어내지도 못합니다. 하나님이 기뻐하시는 것은 번제와 속죄제가 아닙니다. 그래서 하나님은 주님에게 입히실 몸을 마련하셨습니다. 2천 년 전 주님은 나사렛 예수라는 몸을 입고 이 세상에 오셨습니다. 주님이 이 세상에 오신 뜻은 명백합니다. "나는 주님의 뜻을 행하러 왔습니다"(히 10:7b). 주님의 뜻은 사람들을 거룩하게 만드는 것입니다. 거룩함이란 삶의 한복판에서 하나님의 현존을 경험하며 사는 것인 동시에, 하나님의 일을 위해 자신을 바치는 것입니다. 성탄 무렵이 되면 저는 언제나 이현주 목사님의 시를 되뇌곤 합니다.

나를 둘러 당신의 옷으로 삼으십시오
알몸으로 오시는 임이여

지난날

나자렛 예수라는

옷을 입고

가난한 호숫가를 거니셨듯이

오늘은 나를 당신의 옷으로 두르시고

동강난 이 강산에 오십시오

가난한 자는 아직 많습니다

이 마을 언덕 골짜구니, 서울 가는 길목에

남루한 이 몸은 그대로 당신의 옷이 되어

바람 부는 언덕에 펄럭이겠습니다

- 〈나를 둘러 당신의 옷으로 삼으소서〉 부분

다른 삶을 가리키는 사람들

대림절 마지막 주일인 오늘 이 기도가 우리의 기도가 되었으면 좋겠습니다. 그 옛날 주님은 이 세상에 오시기 위해 마리아의 몸을 빌려야 했습니다. 가브리엘 천사는 마리아에게 "성령이 그대에게 임하시고, 더없이 높으신 분의 능력이 그대를 감싸줄 것"(눅 1:35)이라면서 마리아가 잉태하여 아들을 낳을 것이라고 예고합니다. 그의 존재의 터전을 뒤흔드는 두려운 말이었습니다. 그 전갈을 수용하는 순간 마리아의 평온한 일상은 무너지고, 행복에 대한 꿈도 스러질 수 있었습니다. 그러나 마리아는 그 두려운 현실을 받아들입니다. "보십시오, 나는 주님의 여종입니다. 당신의 말씀대로 나에게 이루어지기를 바랍니다"(눅 1:38). 우리가 진정 주님을 기다린다면 우리의 몸을 입고 세상에 오시려는 주님의 뜻에 "아멘" 해야 합니다. 기다림은 삶으로 "아멘" 하는 것입니다.

로마제국의 학정 가운데 살면서 피폐해질 대로 피폐해진 사람들을 주님은 당신의 온몸으로 감싸 안으셨습니다. 그 따뜻한 사랑과 온기는 사람들의 가슴 깊은 곳에 숨겨져 있던 하나님의 성품이 발아하도록 만들었습니다. 지금은 모든 가치가 돈이라는 블랙홀 속으로 빨려 들어가고 있는 시대입니다. 주님을 믿는 이들은 '다른 삶이 가능하다'는 사실을 몸으로 입증해야 합니다. 나누고, 돌보고, 섬기고, 절제하며 살아도 행복할 수 있다는 사실을 보여주어야 합니다. 주님은 우리의 몸을 빌려 이 세상에 오고 계십니다. 이 겨울, 따뜻한 손길이 필요한 이들을 도우시려는 주님의 손이 되어드리면 좋겠습니다. 무고한 피가 더 이상 우리 사는 땅을 더럽히지 않는 세상을 열어가기 위해 주님의 마음을 품고 살아가는 우리가 되기를 기원합니다. 아멘.

(2018. 12. 23. 대림절 제4주)

선하신 목자

요 10:7-11

⁷예수께서 다시 말씀하셨다. "내가 진정으로 진정으로 너희에게 말한다. 나는 양이 드나드는 문이다. ⁸나보다 먼저 온 사람은 다 도둑이고 강도이다. 그래서 양들이 그들의 말을 듣지 않았다. ⁹나는 그 문이다. 누구든지 나를 통하여 들어오면, 구원을 얻고, 드나들면서 꼴을 얻을 것이다. ¹⁰도둑은 다만 훔치고 죽이고 파괴하려고 오는 것뿐이다. 나는, 양들이 생명을 얻고 또 더 넘치게 얻게 하려고 왔다. ¹¹나는 선한 목자이다. 선한 목자는 양들을 위하여 자기 목숨을 버린다."

어둠의 시간

언제나 한결같으신 주님의 은총이 우리 가운데 함께하시기를 빕니다. 대림절 4주간 동안 촛불 하나하나를 밝히면서 우리는 빛으로 오시는 주님을 앙망했습니다. 우리와 역사 속에 드리운 더럽고 추한 것을 태우고 심판하는 빛, 우리를 참회로 이끄는 빛, 죄로 얼룩진 우리 마음을 깨끗하게 정화하고 삶의 기쁨을 되돌려주는 빛, 우리를 다른 이들과 갈라놓았던 모든 장벽을 무너뜨리고 서로의 얼굴에 깃든 신성함을 보게 만드는 화해의 빛을 우리는 갈망했습니다. 그리고 마침내 시간 속에 영원히 돌입하는 것을 기뻐하는 성탄의 촛불을 밝혔습니다. 우리는 별에 이끌려 여기까지 왔습니다. 구유에 누우신 예수, 그분이 바로 영원한 빛이십니다. 세상은 여전히 어둡고 냉랭하지만, 우리는 그래도 그 빛을 이미 보았기에 기뻐할 이유가 있습니다. 하지만 우리는 그늘 하나 없는 기쁨을 노래할 수 없습니다.

우리 사회를 잠식해 온 고질적인 세대 간의, 정파 간의 갈등은 여전히 치유되지 않았습니다. 서로를 바라보는 시선이 사뭇 날카롭습니다. 냉소적인 언어들이 오갑니다. 탄핵 정국으로 인해 광장이 뜨겁습니다. 시골에서는 수천만 마리의 가금류가 살처분되고 있습니다. 살아있는 닭과 오리를 땅에 파묻고 있습니다. 고기를 과소비하는 풍조로 인해 시작된 공장식 축산의 폐해가 참 큽니다. 마치 묵시록의 네 기사를 보고 있는 듯합니다. '살처분'이라는 단어 속에 담겨 있는 인간 중심주의의 폭력성이 제게는 큰 충격과 아픔으로 다가옵니다. 어떤 생명도 처분의 대상으로 여겨져서는 안 된다는 다소 근본주의적인 생각 때문입니다.

시리아의 알레포에서는 수많은 사람이 죽임을 당하고 있습니다.

모두 다 평범한 행복을 구하는 이들인데, 왜 그들은 그렇게 죽음의 자리에 내몰려야 합니까? 전쟁 무기는 어린이들과 여인들을 비껴가지 않습니다. 복잡한 국제정치의 역학 관계를 논하기 이전에, 생명을 귀히 여기지 않는 무신론적 풍조가 세계를 휩쓸고 있기 때문이 아닌지요?

베를린에 있는 카이저 빌헬름교회 옆 골목에 있는 성탄절 마켓에 대형 트럭이 돌진하여 많은 사상자를 냈습니다. 어떤 이유에서든 세상에 대한 적대 감정에 사로잡힌 이들로 인해 세상은 점점 위험한 곳으로 변하고 있습니다. 거리에서 울부짖는 이들의 소리가 더 이상 들리지 않는 세상(시 144:14)은 언제나 도래할까요?

내 눈이 주님의 구원을 보았습니다

아직 완성된 것은 아니지만 그런 세상은 예수 그리스도의 도래와 더불어 시작되었습니다. 성전에서 이스라엘이 받을 위로를 기다리고 있던 시므온은 성전에 온 예수를 품에 안고 "내 눈이 주님의 구원을 보았습니다"(눅 2:30)라고 고백했습니다. 그가 본 것은 무엇일까요? 어머니 품에 안긴 아기 예수를 보는 순간 오랫동안 기다려 온 분이 바로 그 아기임을 직감했던 것일까요? 그 경험의 실체가 무엇이든 우리는 이 고백 속에 담긴 심오한 의미를 헤아려 보아야 합니다. 구원은 '어린아이'의 모습으로 다가옵니다. 긴 겨울의 끝자락에 대지를 뚫고 솟아

선하신 목자

오르는 여린 새싹처럼, 짙은 어둠 속에 스며드는 새벽 미명처럼 하나님의 구원은 그렇게 다가옵니다. 땅에 심긴 씨앗이 자고 깨고 하는 동안 싹이 트고 잎이 나고 줄기가 자라 결실하게 되듯이, 하나님의 나라는 그렇게 역사 속에서 성장하고 있습니다. 절망의 조짐도 있지만 희망의 조짐도 있습니다. 이런저런 시행착오를 거치면서 인류는 함께 지향해야 할 방향을 찾아가고 있습니다. 장벽처럼 우리 시야를 차단하는 일들이 많지만, 그 장벽 너머의 세계를 바라보는 이들은 낙심하지 않습니다.

사회학자인 엄기호 선생의 책을 읽다가 참 공감되는 대목에 눈길이 머물렀습니다. 급변하는 세상에 사는 동안 우리는 누구라 할 것도 없이 모두 조급증 환자가 되었습니다. 전망이 보이지 않기에 사람들은 우울한 심정으로 살아갑니다. 아무리 애써 보아도 악한 이들이 득세하는 것 같은 세상살이에 지친 이들은 판을 한번 싹 갈아엎었으면 하는 생각에 사로잡히기도 합니다. 전자기기가 잘 작동되지 않을 때 '리셋' 버튼을 눌러 시스템을 다시 시작하는 것과 비슷한 심리입니다. 광장은 그런 이들의 마음에 큰 위안이 됩니다. 생각이 비슷한 이들이 한자리에 모여 새로운 세상을 꿈꾸기 때문입니다. 하지만 엄기호 선생의 진단은 매우 엄중합니다.

우리는 광장의 조증과 삶의 울증을 반복하고 있다. 삶의 울증이 심각할수록 현장을 바꾸려고 하기보다는 광장의 조증을 갈망한다. 삶의 울증과 광장의 조증 사이의 간격이 넓을수록 광장을 대신하는 정치의 공간에서 대중의 인기를 끄는 자는 두테르테나 트럼프 같은 정치인이다. 그들은 마치 콜로세움의 검투사처럼 말하고 행동한다. 그 사냥과 검투의 스펙터클이 끊임없이 대중을 흥분시킨다. 삶에 남은 '흥분'은 그것밖에 없는 것처럼 보인다.*

광장에 서면 세상이 금방 바뀔 것 같아 행복감을 느끼다가도, 일상의 자리에 돌아오면 지지부진한 삶이 계속되기에 우울해집니다. 광장의 조증과 삶의 울증 사이의 거리가 커질수록 사람들은 그 거리를 좁혀줄 영웅을 기다립니다. 필리핀 사람들이 "사람들을 쏘아 죽인 적이 있다"라고 호언하는 두테르테를 대통령으로 뽑고, 미국인들이 많은 구설에 시달리는 트럼프를 대통령으로 뽑은 것은 그 때문입니다. 그들이 과연 세상을 새롭게 해줄 수 있을까요? 어쩌면 더 큰 환멸이 찾아올지도 모릅니다. 정치가 우리 삶에 큰 영향을 미치는 것은 분명합니다. 하지만 정치인에게만 우리 운명을 맡겨둘 수는 없습니다. 우리가 새로운 세상을 시작해야 합니다. "내 눈이 주님의 구원을 보았습니다." 이 고백이 우리의 출발점입니다.

양이 드나드는 문

세례자 요한이 하루는 제자들을 예수님께 보내 묻습니다. "선생님

---

* 엄기호, 『나는 세상을 리셋하고 싶습니다』(서울: 창비, 2016), 9.

이 오실 그분입니까? 그렇지 않으면, 우리가 다른 분을 기다려야 합니까?"(눅 7:20). 그때 주님이 뭐라고 하셨습니까? "너희가 보고 들은 것을, 가서 요한에게 알려라. 눈먼 사람이 다시 보고, 다리 저는 사람이 걷고, 나병 환자가 깨끗해지고, 귀먹은 사람이 듣고, 죽은 사람이 살아나고, 가난한 사람이 복음을 듣는다. 나에게 걸려 넘어지지 않는 사람은 복이 있다"(눅 7:22-23). 예수님이 계신 곳에서 일어난 일들이 예수님이 누구신지를 드러내 줍니다. 오늘 주님을 믿는 사람들, 주님의 오심을 기뻐하는 이들이 있는 곳에서 이러한 일들이 벌어져야 합니다. 눈앞의 일에만 몰두하던 사람이 더 큰 역사의 지평을 내다보게 되고, 욕망의 벌판을 비틀걸음으로 걷던 이들이 함께 잘 사는 세상을 향해 뚜벅뚜벅 걷고, 죄와 허물로 인해 영혼이 물크러졌던 이들이 고귀한 양심을 되찾고, 칭찬과 비난에만 반응하던 사람들이 하늘의 소리와 이웃의 소리를 가려듣고, 하나님의 형상을 잃어버린 채 삶의 이유를 알지 못해 허덕이던 이들이 왜 살아야 하는지를 깨달을 때, 우리는 주님을 영접한 사람이라 말할 수 있을 것입니다.

오늘 본문에서 예수님은 자신을 "양이 드나드는 문"으로 표현하고 계십니다. 다음 대목에서 예수님의 말씀은 매우 과격합니다. 지나칠 정도로 배타적으로 들리기도 합니다. "나보다 먼저 온 사람은 다 도둑이고 강도이다"(요 10:8). 하지만 이 말은 "도둑은 다만 훔치고 죽이고 파괴하려고 오는 것뿐"이라는 말씀과 연결될 때만 그 의미가 오롯이 드러납니다. 종교와 종교인의 본분은 생명을 살리고, 북돋고, 바로 세우는 데 있습니다. 각자에게 품부된 생명의 몫을 한껏 살아내고, 삶을 축제로 살아내도록 도와야 한다는 말입니다. 그러나 종교가 때로는 사람들의 영혼을 사로잡아 꼼짝달싹 못하게 만들거나, 영혼을 비틀어 불구로 만들기도 합니다. 잘못된 종교는 사람을 파괴합니다. 그릇된 확신에 사로잡힌 이들이 얼마나 파괴적인지 우리는 잘 알고 있습니다. '잘 믿는다' 하는 이들 가운데도 시민적 책임에 둔감하고, 고통 받는 이들의 처지에 공감하지 못하는 이들이 많습니다. 주님은 사람들을 사로잡아 노예로 만드시는 분이 아닙니다.

선한 목자이신 주님은 당신이 이 세상에 오신 까닭을 이렇게 요약하고 있습니다. "나는, 양들이 생명을 얻고 또 더 넘치게 얻게 하려고 왔다"(요 10:10). 자신의 존재 이유를 이렇게 명료하게 이해하는 이들이 얼마나 될까요? 오늘 우리가 예수님의 탄생을 기뻐하는 것은 바로 이 때문입니다. 주님이 우리 가운데 오시면 우리는 새로운 존재로 거듭나게 됩니다. 예수와 만난 사람들, 예수의 이름을 영접한 이들은 모두 치유의 기쁨, 생명의 기쁨을 누렸습니다. 병자들은 자리를 털고 일어났고, 귀신 들렸던 이들은 온전해졌고, 외로움 속에 유폐되었던 이들은 세상 사람들 앞에 서서 주님을 찬양했습니다.

그런데 주님은 지금 우리를 통해 이 땅에 오려고 하십니다. 선한 목자이신 주님은 우리의 몸을 통해 고통 받는 이들과 어둠에 잠긴 땅을 치유하려 하십니다. 우리가 있는 곳에서 생명의 기적, 평화의 기적, 화해의 기적이 일어나고 있습니까? 그렇다면 우리는 주님의 몸임이 분명합니다. 그렇지 않다면 우리는 명목상의 그리스도인일 뿐입니다. 유대 땅 베들레헴에 예수님이 수천 번 태어난다 해도 우리 마음에 주님이 태어나지 않는다면 무슨 소용이 있겠습니까?

세상이 아무리 어둡다고 해도 하나님으로부터 시작된 희망의 빛을 꺼뜨릴 수는 없습니다. 오늘 우리는 세상 곳곳에 하늘의 빛을 나르는 사람들로 부름 받고 있습니다. 어둠에 유폐된 채 절망의 심연으로 가라앉고 있는 이들에게 다가가 그들의 손을 잡아주어야 합니다. 그들이 혼자가 아니라는 사실을 상기시켜야 합니다. 적대감과 환멸이 넘치는 세상이지만 환대의 공간을 넓혀가야 합니다. 무정한 세상의 냉혹함을 친절함으로 녹여야 합니다. 동방에서 온 박사들과 목자들이 이른 곳은 화려한 왕궁이나 성전이 아니라 말 구유였다는 사실을 잊지 말아야 합니다. 주님은 바로 그런 자리에서 우리를 기다리고 계십니다. 그 주님 앞에 엎드릴 때 새로운 삶이 시작됩니다. 하나님 나라는 바로 우리를 통해 이 땅에서 자라게 합니다.

(2016. 12. 25. 성탄절)

사가랴의 어떤 하루

눅 1:8-17

⁸사가랴가 자기 조의 차례가 되어서, 하나님 앞에서 제사장의 직분을 담당하게 되었다. ⁹어느 날 제사직의 관례를 따라 제비를 뽑았는데, 그가 주님의 성소에 들어가 분향하는 일을 맡게 되었다. ¹⁰그가 분향하는 동안에, 온 백성은 다 밖에서 기도하고 있었다. ¹¹그때에 주님의 천사가 사가랴에게 나타나서, 분향하는 제단 오른쪽에 섰다. ¹²그는 천사를 보고 놀라서, 두려움에 사로잡혔다. ¹³천사가 그에게 말하였다. "사가랴야, 두려워하지 말아라. 네 간구를 주님께서 들어 주셨다. 네 아내 엘리사벳이 너에게 아들을 낳아 줄 것이니, 그 이름을 요한이라고 하여라. ¹⁴그 아들은 네게 기쁨과 즐거움이 되고, 많은 사람이 그의 출생을 기뻐할 것이다. ¹⁵그는 주님께서 보시기에 큰 인물이 될 것이다. 그는 포도주와 독한 술을 입에 대지 않을 것이요, 어머니 뱃속에 있을 때부터 성령을 충만하게 받을 것이며, ¹⁶이스라엘 자손 가운데서 많은 사람을 그들의 주 하나님께로

돌아오게 할 것이다. [17]그는 또한 엘리야의 심령과 능력을 가지고 주님보다 앞서 와서, 부모의 마음을 자녀에게로 돌아오게 하고 거역하는 자들을 의인의 지혜의 길로 돌아서게 해서, 주님을 맞이할 준비가 된 백성을 마련할 것이다."

가짜 뉴스에 휘둘리는 사람들

주님의 은총과 평강이 우리 가운데 임하시기를 빕니다. 벌써 대림절 두 번째 주일입니다. 내일이 대설(大雪)입니다. 찬바람이 불고, 서리가 내리고, 눈이 오고, 얼음이 어는 때에 마음조차 푼푼하지 못합니다. 월가월령가 11월의 노래는 가을에 거둔 곡식들을 팔아 돈을 조금 마련하고, 일부는 세금으로 내고, 또 일부는 제삿밥 짓기 위해 떼어놓고, 이듬해 심어야 할 종자를 여퉈두고, 땅 주인에게 도지를 내고, 장리빚 다 갚고 나면 남는 것이 별로 없는 농민들의 서러운 처지를 이렇게 노래합니다. "엄부렁하던 것이 남저지 바이 없다" 엄부렁하다는 말은 성기고 옹골차지 못하다는 말입니다. 추수할 때는 제법 두둑하더니 얼마 지나지 않아 빈털털이가 되고 말았다는 탄식입니다. 12월을 맞이한 우리 심정과 별반 다를 바 없습니다.

우리는 느긋한 평화를 원하지만 세상 물결은 사정없이 우리를 휘몰아칩니다. 코로나19로 말미암아 물질적 · 육체적 어려움을 겪는 이들이 많고, 코로나 블루를 호소하는 이들도 많습니다만, 정치권은 검

찰 개혁을 둘러싼 지루한 공방에만 몰두하고 있습니다. 대의는 간 곳 없고 진영 간의 싸움만 도드라져 보입니다. 가짜 뉴스는 그렇지 않아도 허전한 사람들의 마음을 파고 들어 증오와 적개심을 심어주려 합니다. 며칠 전 가까운 지인의 전화를 받았습니다. 다짜고짜 "유튜브와 카톡이 들끓고 있는데 어떻게 된 거야?" 영문을 몰라 하는 제게 그분은 여당 국회의원들이 교회 폐쇄법을 발의했다는 소문이 돌고 있다고 말했습니다. 법안을 발의한 의원들의 명단까지 나돌고 있다는 것이었습니다. 웃으며 그런 일은 있을 수 없다고 말씀드렸지만, 의구심을 거두지는 못하는 눈치였습니다.

이 암울한 시대에 신앙인들에게 꼭 필요한 것이 분별력 혹은 식별의 능력입니다. 영을 분별하는 것도 은사입니다(고전 12:10). 저마다 자기가 옳다고 주장하는 세상이니 더욱 주의가 필요합니다. 사람들을 오도하는 종교인들이 있습니다. 그들은 다른 이들의 삶을 헐뜯고, 소외시키고, 위험에 빠뜨립니다. 사람들을 동원의 대상으로 여기고, 그들의 열심을 이용하여 자기 권력을 강화하고 이익을 확보하곤 합니다. 그들은 끊임없이 사람들의 '에고'를 부풀게 만듭니다. 자기 기준을 가지고 다른 이들을 판단하고 정죄하고 냉소하도록 만듭니다. 갈라진 틈을 메꾸기보다는 그 틈을 더 벌립니다. 다리를 놓기보다는 담을 쌓아 올립니다.

교회력이 기다림의 시간으로 시작되는 까닭은 지금까지 살아온 우리 생각과 삶의 관성에서 벗어나 하나님께 길을 여쭈어보라는 뜻일 겁니다. 영어에 unlearn이라는 단어가 있습니다. learn이 '배우다', '공부하다', '익히다'라는 뜻이니까 unlearn은 '배운 것을 잊다', '고쳐 배우다', '잘못된 버릇을 버리다'라는 뜻일 겁니다. 하나님 앞에 서는 이들은 자기 생각, 입장, 주장을 내려놓아야 합니다. 하나님을 앞서지 않으려는 겸허함 없이는 거룩한 삶을 살 수 없습니다.

신실하나 쓸쓸한

대림절에 우리가 기억해야 하는 사람 가운데 한 분이 세례자 요한입니다. 오늘은 그의 탄생 이전에 벌어졌던 일을 통해 하나님의 마음을 헤아려보려 합니다. 요한의 아버지 사가랴가 오늘의 주인공입니다. 그는 헤롯 대왕이 유다를 다스리던 때에 아비야 조에 배속된 제사장(대상 24:10)의 일원이었습니다. 이스라엘 성전 체제는 제사장들을 24조로 나누고, 각 조가 1년에 두 차례씩 제사장의 임무를 수행하도록 했습니다. 사가랴의 아내 엘리사벳은 아론 가문의 후예였습니다. 어느 시대나 마찬가지이지만 종교인들은 하나님의 아름다우심을 삶으로 입증하기보다는 그 영광을 가릴 때가 많습니다. 안타깝지만 사실입니다. 예수님의 탄생 전후의 성전 체제는 타락할 대로 타락했던 것 같습니다. 사람들은 어쩔 수 없어서 성전 제사에 참여하기는 했지만, 제사장들을 신뢰하거나 존중하지는 않았던 것 같습니다. 손가락으로는 하늘을 가리켜 보이면서도 눈은 온통 이익에 집중하는 이들이 많았기 때문입니다.

그러나 사가랴와 엘리사벳은 달랐습니다. 누가는 그 두 사람이 의로운 사람이었고, 주님의 모든 계명과 규율을 흠잡을 데 없이 잘 지켰다고 말합니다. 적어도 그들은 "입으로는 하나님을 안다고 말하지만, 행동으로는 부인"(디도 1:16)하는 가증하고 완고한 사람들은 아니었던 것입니다. 그 경건한 가정에도 근심이 있었습니다. 늙도록 자식을 얻지 못했던 것입니다. 내외는 하나님께 자식을 허락해 달라고 끊임없이 기도를 올렸습니다. 신실하지만 쓸쓸한 삶이었습니다.

아비야 조가 제사장 임무를 수행해야 하는 때가 되었고, 제비뽑기를 통해 사가랴는 분향하는 임무를 맡았습니다. 성소와 지성소 사이에 있는 분향단에 향을 피워 올린다는 것은 제사장들에게조차 영예스러운 일이었습니다.

두려워하지 말아라

경외심을 품고 분향하던 사가랴 앞에 천사가 나타납니다. 거룩의 현존 앞에 설 때 사람들이 느끼는 감정은 놀람과 두려움입니다. 이사야도 환시 가운데 하늘 보좌를 보고는 화들짝 놀라 외쳤습니다. "재앙이 나에게 닥치겠구나! 이제 나는 죽게 되었구나! 나는 입술이 부정한 사람인데, 입술이 부정한 백성 가운데 살고 있으면서, 왕이신 만군의 주님을 만나 뵙다니!"(사 6:5). 당연한 반응입니다. 누구나 살면서 두려움에 사로잡힐 때가 있습니다. 두려움이 엄습하는 순간, 우리 마음과 감각이 마비됩니다. 모든 움직임이 일시에 정지하는 것 같은 느낌입니다. 두려움은 사람들을 움츠러들게 만들고, 무기력하게 만듭니다. 두려움에 사로잡힌 사람들일수록 방어적인 태도를 보입니다.

그러나 하나님 체험에서 비롯된 두려움과 놀람은 우리를 마비시키는 것이 아니라, 이전에는 보지 못하던 삶의 다른 차원을 보게 만듭니다. 하나님의 현존 앞에 설 때 사람은 비로소 자기라는 작은 울타리를 벗어날 용기를 얻습니다. 세상은 약육강식의 벌판이 아니라, 하나님의 신비가 깃들어 있는 곳임을 깨닫게 됩니다. 유대인의 안식일 기도집에 나오는 구절입니다.

> 하루씩 지나가고 한 해씩 사라지건만, 저희는 기적들 사이를 장님처럼 걸어갑니다. 저희의 눈을 볼 것들로 채워주시고, 저희의 마음을 알 것들로 채우소서. 당신의 현존이 마치 번갯불처럼 저희가 걸어가는 어둠을 비추는 순간들이 있게 하소서. 저희가 어디를 바라보든, 떨기에 불이 붙었지만 불에 타서 없어지지 않는 것(출 3:2)을 볼 수 있도록 도우소서. 그리고 당신께서 빚으신 흙덩이인 저희들이 거룩함에 닿게 하시고, 놀라움 가운데 "이 얼마나 경외로 가득한 곳인가…"(창 28:17) 하고 외치게 하소서.*

"저희는 기적들 사이를 장님처럼 걸어간다"는 말이 쇠북소리처럼

---

* 마커스 보그/김기석 · 정준화, 『놀라움과 경외의 나날들』(서울: 한국기독교연구소, 2019), 14.

들려옵니다. 하나님의 현존 앞에 서야 합니다. 천사가 사가랴에게 맨 처음 한 말은 "두려워하지 말아라"입니다. 헬라어로도 두 단어입니다. 'me phobu', 영어로 옮기면 'fear not'입니다. 'do not fear'나 'do not be afraid'는 그 간명하고 강력한 메시지를 다 담아내지 못합니다. 하나님은 우리를 두려움에서 풀어주십니다. 두려움에서 벗어날 때 비로소 하나님의 뜻과 접속될 수 있기 때문입니다. 천사는 사가랴에게 하나님께서 그의 간구를 들어주셨다고 말합니다. 엘리사벳이 아들을 낳아줄 텐데, 그 아들이 네게 큰 기쁨과 즐거움이 될 것이라는 것이었습니다. 천사는 놀람과 두려움이 기쁨과 즐거움으로 변할 것임을 예고합니다.

신실한 사람이었음에도 불구하고 사가랴는 그 놀라운 메시지를 현실감 있게 받아들일 수 없었습니다. 있을 법하지 않은 일이었기 때문입니다. 그러나 천사는 사가랴의 반응에 상관없이 전해야 할 메시지를 담담히 전합니다. 태어날 아기는 주님께서 보시기에 큰 인물이 될 것이라는 것이었습니다. '주님께서 보시기에'라는 말과 '큰 인물'이라는 말이 연결되어 있습니다. 어쩌면 세상은 그를 크게 여기지 않을 수도 있다는 말입니다. 그러나 세상의 평가가 어떠하든 그는 소중한 임무를 부여받고 있습니다.

길 닦는 사람들

천사는 태어날 아기가 "어머니 뱃속에 있을 때부터 성령의 충만함을 받을 것"이라고 말합니다. 이 말은 하나님 선택의 신비, 소명의 막중함을 가리키기 위한 것이지, 특별히 그가 선택된 때를 뜻하는 말이 아닙니다. 이사야도 "내가 태어나기도 전부터 주님께서는 나를 그의 종으로 삼으셨다"(사 49:5)라고 말했습니다. 사람마다 자기 몫의 삶이 있습니다. 사람은 자기가 선택하지 않은 생의 조건 속에서 살아야 합니다. 부모, 성, 나라, 피부색, DNA, 시대를 골라 태어날 수 없다는 말입니다. 그것은 일종의 숙명입니다. 하지만 하나님은 인간에게 자유를 선물로 주셨습니다. 바꿀 수 없는 것도 있지만, 스스로 선택하고 책임을 지며 살아야 하는 것이 인생입니다. 뭘 선택하느냐에 따라 인생이 달라집니다. 김교신 선생은 동일한 인생의 재료가 주어져도 반응은 제각각이라면서 이렇게 말합니다.

불탄 진지 한 공기라도 감사로써 받아서 집사람들까지 위로하는 이 있고 탄내 난다 뿌리치고 온종일 분노로써 주위에 독주는 사람이 있다. 감사할 자료에 포위되어 있어도 감사를 발견 못해 마르는 생명 있고 눈물의 사막 같은 골짜기에서라도 수시로 도처에 샘과 계류(溪流)와 화초를 발견하는 눈이 있다. 신경이 있다.*

---

* 김교신 · 노평구, 『김교신 전집 1 - 인생론』(서울: 부키, 2001), 358.

하나님 보시기에 큰 사람이란 결국 자기 몫의 생을 한껏 살아내는 사람을 일컫는 말일 겁니다. 태어날 아기는 엘리야의 심령과 능력을 품고 메시아 오실 길을 닦을 겁니다. 그는 메시아가 아닙니다. 우리가 복음서를 통해 보는 세례자 요한은 철저히 자기 한계와 분수를 지키는 사람입니다. 그는 길을 닦는 사람이고, 밭을 갈아 파종을 준비하는 사람입니다. 그리스도를 가리켜 보이는 표지판입니다. 누가는 그의 소명을 두 가지로 나누어 설명합니다.

첫째, 그는 "이스라엘 자손 가운데서 많은 사람을 그들의 주 하나님께로 돌아오게 할 것"입니다. 거의 모든 예언자가 하나님을 등지고 우상을 따라간 백성들에게 하나님께 '돌아오라'고 외쳤습니다. 호세아는 "이제 주님께로 돌아가자. 주님께서 우리를 찢으셨으나 다시 싸매어 주시고, 우리에게 상처를 내셨으나 다시 아물게 하신다"(호 6:1)며 백

성들을 독려했습니다. 돌아옴의 징표는 무엇일까요? 하나님을 경외하는 동시에 다른 사람들을 아끼고 존중하는 것입니다. 제 욕심대로 살지 않고 다른 이를 배려하는 것입니다. 따라서 주님께로 돌아온 이들이 있는 곳에는 평화가 깃들게 마련입니다.

둘째, 그는 "주님보다 앞서 와서, 부모의 마음을 자녀에게로 돌아오게 하고 거역하는 자들을 의인의 지혜의 길로 돌아서게 해서, 주님을 맞이할 준비가 된 백성을 마련"하도록 부름 받았습니다. 부모의 마음이 자녀에게로 돌아오면 자녀의 마음 또한 부모에게 돌아오게 마련입니다. 가장 가까운 사이이면서도 통하기 어려웠던 이들이 마음을 열어 서로에게 다가서고, 하나님을 경외할 줄 몰랐던 이들이 하나님께로 돌아서도록 하는 것이야말로 주님의 길을 닦는 일입니다.

좋은 세상은 저절로 오지 않습니다. 길 없는 곳에 길을 내는 사람들을 통해 옵니다. 길은 처음부터 있는 것이 아니라 많은 사람이 걷는 곳에 길이 생깁니다. 초대교회 교인들의 별명은 '그 길을 걷는 자들'이었습니다. 이슬에 젖은 풀밭을 앞서 걷는 이들을 일러 이슬떨이 혹은 이슬받이라 합니다. 그들 덕분에 뒷사람들은 바짓가랑이를 적시지 않아도 됩니다. 요한은 그 역할을 위해 택함을 받았습니다. 주님 오심을 기다리는 우리도 이런 역할을 해야 합니다. 사람들 사이에 소통의 통로를 열고, 무정하고 사나운 세상을 따뜻한 곳으로 바꾸기 위해 힘써야 합니다. 온 세상을 다 바꿀 수는 없다 해도 우리 주변부터 사랑과 이해로 물들이면 좋겠습니다. 어려운 이들에게 손을 내밀고, 외로운 이들의 벗이 되십시오. 주님은 어쩌면 벌써 그곳에서 우리를 기다리고 계신지도 모르겠습니다. 사방에 위험이 도사리고 있지만 두려워하지 마십시오. 주님이 우리를 인도하고 지키실 것입니다. 주님 오실 길을 닦는 마음으로 살 때 우리는 문득 우리 가운데 계신 주님과 만나게 됩니다. 눈물 골짜기를 거닐면서도 샘과 시냇물과 화초를 발견하는 기쁨을 누리는 한 주가 되기를 기원합니다. 아멘.

(2020. 12. 06. 대림절 제2주)